城市散步學

以香港作為起點

黃宇軒 著

目次

推薦語

步行是大部分人每日生活的一部分，不過我們當中有多少人有好好感受這日復一日的行為？以散步重新與土生土長的香港連結，感受建築、自然、文化，看過黃宇軒的新書，你會愛上散步中的香港。

梅詩華

onebite 共同創辦人、建築師

從前有誰想過散步可由漫無目的四圍行變成一種欣賞、觀察、反思城市大大小小的學問和態度？城市散步值得學，因為好玩，更可學得出神入化！《城市散步學》邀請大家打開眼睛、鍛煉觸覺、重拾好奇，出街當探險，驚喜處處，有待發掘。黃宇軒提出六種角度，讓讀者看出不同世界、自組故事、巧遇變日常，自娛也可以很療癒。久而久之，當我們對身邊環境有更深刻的體會，就會創造條件和遇見機會，把自己喜歡的地方變得更好、更精彩。

祁凱達

《尚未完場》導演、「活現香港」創辦人之一

這十幾年間，香港的城市學從只得少數精英講述，發展至相關書籍屢屢登上暢銷榜、每事每物都有人研究和為其開專頁，黃宇軒肯定是這場覺醒運動的一大推手。當各路英雄投入各種專門的「刺蝟式研究」，喜見 Sampson 有系統地梳理其歷年研究心得，以及日復日於城市生活行走所得的體悟。《城市散步學》以其一貫親和的文字和精彩照片，邀請大家從最平常、最易開展的日常實踐開始，逐步建立自己的城市學，過更 conscious、更 thoughtful 的生活。

樊樂怡

藝術工作者、《香港抽象遊戲地景》作者

· · · · ·

城市散步如觀長卷畫軸，黃宇軒俯拾香港的浮光掠影，遊走窿窿罅罅。透過散點透視法，邊走邊看，以全景與特寫的不同視角，聚焦變焦，在虛實交錯的城市空間，察覺眾聲喧嘩，細賞留白意蘊。愜意的文字氛圍，帶領讀者倘徉於這趟城市之旅。

林曉敏

《香港遺美》作者

序

茹國烈
《城市如何文化》作者

為什麼城市這齣電影如此好看

從頻道「懷疑人生就去散步」的短片到《香港散步學》，我一直被 Sampson 對城市的熱情感動。有一次，聽 Sampson 分享他推動城市散步的原因，有一句話令我非常難忘。

他說：「我要令人覺得，在城市行兩小時，得到的快樂可以媲美看一齣娛樂大片。」我不只記得他這個願望，也記得他說這話時的熱情，和怎樣引起全場觀眾的共鳴。

看他這幾年的工作，我覺得他完全做到了。Sampson 不單用學者的角度研究城市，也不只以作者的身分分析和觀察城市，更是城市導遊，策劃路線，帶人走落街，用雙腳去探索。他帶起在城市散步這潮流，因為他的推動，很多人從散步中愛上這地方。

如果順着他的思路，把城市散步比作看電影，上一本《香港散步學》是 Sampson 策劃的電影節，而這本《城市散步學》就是電影美學入門課。正如他在書中所說，城市是建築、路徑、空間、物件、信息和自然。這些事物可以是空洞冷靜的，也可以是充滿感情的。

讀這本書，令我跳出香港，想起在不同城市的遊歷，腦海中不停閃出記憶的幻燈片。這個明明是伊斯坦布爾的小巷，像極了銅鑼灣的登龍街；那個在重慶山上的建築，看起來像是在港島半山。所有城市的美態像是一篇延綿不斷的文章，用着同樣的語言。Sampson告訴我們，為什麼城市這齣電影如此好看，城市如何文化。

序

林兆榮
藝術家、文字創作者

以香港作為起點

忽然記起當年放學後，在葵樹下賣荷葉糭的老婆婆；上班時灣仔入境處天橋幾萬人沒精打采，但雙腿向着同一個方向飛奔的速度；下班後電梯大堂日日如是的香精氣味；情人在公園談分手，六點日出時路燈熄滅的一刻；那個在深水埗的食字大廈「荔枝閣」……這些街廓上遇過的人與事，如影隨形地突然在腦海喚起，是人、集體的事；是姿態、氣味、構築物、標記。這一切又把我們的記憶伸延到更多的人和事、更多的感覺與幻想，甚至憶起一整個時代——這一切，都是由街道與觀察去承載。

.　.　.　.　.

這本書談到「怪路」，一條地膽才熟知的路徑：人類最怪的就是腦海中的路。眼前散的步、看見的風景、嗅到的氣味，進入腦海後提升到另一個維度，循自己的經驗化成回憶、論述。想起卜公花園，十年前我與黃宇軒認識的地方。當時我剛完成了一個步行計劃——此前失業了一段時間，藝術創作上難有進程，求職連連失敗——失敗得求職也想放棄，不如明天找點「免費的事」做？翌日清晨從將軍澳走到元朗；又從上水走到天星碼頭；後來走到丹麥美加日韓，總之要把一個城市用腳從頭到尾割開，想不到卻有不錯的迴響。回港後遇上黃宇軒，他竟跟我說：「我都係做藝術㗎喎！」當時心諗：呢條友都傻，我用咗幾多公里路先擺脫到藝術。十年過去，卜公花園一遇，看似走着不同的路，其實只是吐露港公路與大埔公路，風景不同，但並肩而行。今天我們講散步、做藝術，也在院校任教，在自我尋覓的蹊徑上打轉。

《城市散步學——以香港作為起點》這個散步的歸納，把上述所說有關路與城市的觀察整理。希望大家看完，就把這書收在牀底，然後以香港作為起點，到四處散步，找到屬於你的觀察和論述。

前言

在香港學習觀看城市的方法

1

我在 2022 年出版了《香港散步學》一書，跟影像頻道「懷疑人生就去散步」相近，類近是路線指南，主力介紹香港的散步路線，展現在不同區漫遊探索，有什麼值得留意的。自從我開始上述的創作後，這幾年一直遇上認真看待「散步學」和「懷疑人生就去散步」這兩個命題的讀者與觀眾，他們都會問：

- 散步真的令人不再懷疑人生嗎？
- 如果可以，要怎樣散步才做得到？
- 散步真的可以學嗎？
- 怎樣才算學得成？
- 如果我想自行設計散步路線，有沒有竅門？
- 在街道上要怎樣看，才看得出一個所以然？

寫這本書，也是認真回答這些問題。大部分人想到散步二字，最先想到的多是漫無目的、放鬆心情地隨意走路，也許指向放空，也許指向休息；有的想到「只有散步，我們才真正聊天」，把散步劃為一個不被其他事情騷擾，能夠敞開心扉的時間；有的或想起關於散步如何令人思考更清晰的研究……在我心目中，這些都是以散步作為手段，而當我們視散步作為目的時，要做的就是極度貪婪、專注觀看城市的一切。所以，我常說推廣散步算是「掛羊頭，賣狗肉」，我真正想推廣的，是我們走在路上時，觀察城市的一切。

大家都知道手機遊戲Pokémon GO，通過擴增實境技術（Augmented reality）造就的界面，玩家通過屏幕，彷如在城市空間遇上各種小精靈，把牠們捕捉收集。捕捉和收集城市環境中所有美麗、有趣、啟發思考與聯想的空間與細節，就是我的Pokémon GO了。城市裏有什麼精靈可以被看到？這本書的前設是，城市觀察的能力，是可以從學習而得的。有些事物，我們需要練習有一定的敏感度才可看見；有些事物，就算我們看見也不覺得美麗或有意義，因為需要一定的「習得的口味」（acquired taste），才會看懂它們的美。掌握了城市觀察的能力，就如打開了讓人看見精靈的手機遊戲。寫這樣一本觀察城市的方法，不談特定的地方與路線，而是當我們隨機走到某個城市角落，可從什麼角度切入觀看四下環境，因而得到觀看的趣味。

· · · · ·

另一種比喻是，我把城市當作一幅非常複雜的畫，不是一幅靜止的畫，而是時刻在變化，人的行為會為它添加新的顏色。我想把畫中豐富的視覺元素和細節逐一讀出來。又或者，我把城市視作一間博物館，帶着「館內什麼都好看」或「把所有展品都一一仔細看看」的態度，重新細看。我將在書中解釋，我在街上到底在看什麼？看到什麼會讓我感到愉悅？看到什麼讓我認為正在解讀城市的意涵、運作與構成？前者是城市美學的問題，關乎有什麼值得我們投注目光；後者是城市研究的問題，指向從行人的視角，是否可以解讀深層的、塑造城市的力量，是在回答是否可以小見大，從眼前所見，推導出城市在如何運作。

· · · · ·

從享樂的角度理解城市觀察，這是一個隨意在街上就能開始的遊戲。我時常說，若我們花看一齣戲的時間在街上散步，張開雙眼和打開感官，金睛火眼地收集觀察所得，我有信心當中的娛樂性不比看一齣電影少。看電影能否給予我們娛樂，除了看電影的質素，也視乎你是怎樣的觀眾；城市觀察也是如此，我們是否懂得觀察城市，影響我們能否在街上尋獲更多的樂趣。畢竟，我們在城市生活，過於習慣街道和城市是功能性，只是用於移動和過活，而不是讓人在其中探索的。

. . . . .

當我們把城市環境視作可有無限發現的地方，就有了在日常中看見魔幻的能力，我笑說這像玩手指的能力，也是一種在局限環境中自得其樂的能力。喜歡兩個抽象的說法，第一是把都市漫遊者的意象發揚光大的德國思想家本雅明 (Walter Benjamin) 所說的，這是在柏油路上搞種植、在水泥地上種花，原本機能主導甚至近乎冰冷的城市，我們可以在其中看出浪漫。第二是「再魅」(re-enchantment) 的說法，人人都在不再有神秘感、不再魔幻的現代世界中，探找尚餘的「魔法」。這本書提出的是，在城市漫遊遇上驚喜，就是在日常生活中尋求「再魅」的一途。

. . . . .

有一位朋友時常說，散步、觀察，遇上教她心花怒放的發現，就是一種她在鍛煉的魔法。這魔法讓人看見他人見不到的，而接續的篇幅，我們將談談如何獲得這種魔法。

2

寫《城市散步學——以香港作為起點》時，我一直有兩個目標。第一個目標，盡可能解說我們在一座城市散步時，如何從觀看中獲得樂趣。

. . . . .

既然要解說觀看之樂，在接下來的章節，我將說明散步時，我們可以觀看什麼、怎樣觀看。觀看什麼，關乎觀看的對象。本書分為六章，每一章介紹一種切入觀看城市的對象，都是我的私心之選，是我走在路上看得特別入迷的事物。散步時，遇上與觀看這些東西，讓我覺得散步確實是充滿趣味、讓人享受的賞心樂事。

. . . . .

說他們是「東西」，也不完全準確——建築、路徑、空間、物件、信息和自然，有的或能想像指的是什麼，有的可能無法單從字面具體理解。因此，這六個名詞，更準確來說，是六種觀看的角度。城市裏有這些東西存在，但它們的存在並非不言自明的，而是要用某種方法觀看，宏觀地看見它們是城市裏一些重要的「組件」。它們雖然是真實存在，但同時是觀看城市時可以帶着的觀念(concept)。這本書將提供一種整合的角度，讓我們在路上不只遇上它們，而是能帶有一種系統性的目光觀察他們。

. . . . .

在推廣散步背後，有這樣的意念：當我們懂得系統性地觀察周遭的一切，就能帶來無窮的樂趣，在一定程度上甚至是一種知性的樂趣。就像我們懂得賞析電影時，除了好看與不好看，喜歡與不喜歡以外，也能從場面調度、剪接、演技、攝影、劇本等不同類別（categories）切入。以下介紹的六種觀看城市的類別，就如觀看電影時的切入角度，各有趣味和值得深入欣賞的方法。解讀這六種觀看城市的方法的趣味，是關乎以感官為首的美麗、關乎發現隱藏和錯過的東西、關乎體會與群眾的交流對話、關乎意外出現的幽默等……這跟觀看其他藝術品不一樣，城市中的事物和狀態，不是由個人和團隊決定的，更多時是無數人和力量共同造就的結果，往往出現意料之外，而且持續改變。可以說，城市是複雜變幻的「文本」。

. . . . .

這本書希望提出一些觀看的方法，讓我們可以讀通這複雜變幻的「文本」，從中讀出樂趣，也就是我們如何獲得「魔法」的秘訣。我們清楚知道電影、小說、藝術、戲劇等，是可以被閱讀，並從中得到樂趣。但是，城市是我們辛勞生活和過活的場景，要忽然抽離，抽出時間，以另一種目光觀看，並覺得有趣味，不是想像中的容易，而是需要一點訓練。書寫這本書的第一個目標，正是希望讓讀者帶着這六種角度，無論在香港，還是其他城市，都能從觀察城市中得到無比樂趣。

3

經常有人問我，「你推廣城市散步，只是關乎樂趣，真的嗎？」「城市觀察可以是一種娛樂嗎？」一般來說，我的回答也是「是啊，真是這樣！」我真誠地認為，這樣的樂趣不可多得，但心底同樣知道，這樣系統性地觀看城市，也源自心底的「學術關懷」和「地方關懷」。我寫這本書的第二個目標，是讓讀者觀看城市得到樂趣外，也希望大家能在散步時，看出一個所以然。「看出所以然」的意思，連向的就是所謂的「學術關懷」和「地方關懷」。

. . . . .

這裏所說的學術關懷，是理解主宰無數人生活質素好壞的當代城市究竟是什麼。名為城市的人造環境，有讓人感覺解放（emancipation）的空間，也有讓人受壓迫的空間，希望與絕望集於一地。我希望盡可能理解城市的本質，理解它是一種怎樣的環境，或者可以變成怎樣的環境，讓我們能開創一個宜居的城市。雖然現實中的實踐或者有很多權力的拉扯，也如上述所說，城市由不同的人與力量共同造成的結果；但我的信念傾向，當人愈了解自己的生活場所，它的本質為何、如何運作，就愈有機會好好使用和改變它。所以，我在書中也會延伸分析城市的空間特質，旁及權力的運作和城市空間構成的過程。這些討論雖說點到即止，但組合起來也簡單陳述了我思考「何謂好城市」的觀點與立場。因此，當我們以六種角度一邊散步、一邊思想，也同時在問：我該如何使用這座城市？我期望這座城市朝什麼方向改變？這些都是大問題，但這本書也可以是在地討論相關問題的一種形式。

. . . . .

換句話說，如果我們用特定的方法散步和觀察，就可以深刻反思城市環境——步行與觀看本身，可以是一種反思性的實踐。我從 2007 年開始一頭栽進城市研究這個學科，至今十數載，起初就是在香港到處漫步，而生起關於「城市可以變成怎樣」的疑問；十數年過去，我愈來愈感受步行和觀看，有一種難以言明、啟發思考的力量。雖說難以言明，我也想透過這本書言說改變自己生命的實踐。

. . . . .

說到這裏，想起城市研究近年一本特別啟發我的著作，社會學家理查・桑內特（Richard Sennett）的《棲居》（*Building and Dwelling: Ethics for the City*）。書中指出城市必然由兩種事物構成，一種是實體被建造的環境和各種觸摸得到的東西（樓宇），一種是人物生活時無盡的活動與實踐（棲居），兩者互為因果，如何互動影響，千絲萬縷，某程度上城市研究就是拆解它們之間的關係。這本書的知識觀點是，散步與觀看是「棲居」的一部分。我們若有意識地散步與觀看，將有可能進一步改變實體的城市空間。退一萬步而言，當我們持續有意識地散步與觀看，也立刻改變了實踐者本來的「城市生活」，因為頻頻散步的人，不再只功能性地使用城市環境。

. . . . .

也談談什麼是「地方關懷」。這是一個很簡單的論點：當我們散步多了，觀看多了，獲得上述的興奮，並展開思考，就是一種跟地方建立親厚關係的方法。如人們認為了解一處地方的歷史、參與地方的公共事務、認識街坊鄰里，是跟地方建立關係與感情的重要方法。作為城市研究者，我希望點出，了解和看見地方的構造、思考地方的構造，亦是建立地方感的重要一環。到處散步，張開眼睛看見最多，不斷被周遭環境觸動與啟發，就像認識一個新朋友時，不斷跟對方聊天而深入認識。總體而言，我希望透過這本書鼓勵一種帶有反思性（reflexive）的散步與觀看，由此跟一座城市和其中不同地方，建立緊密的關係。

· · · · ·

當我說散步，我說的是享受觀看城市（第一個目標），以及從帶有反思性的觀看實踐中，得到真切的「地方感」，跟城市更為休戚與共（第二個目標）。

4

這本書的副題是「以香港作為起點」，不只因為我在香港成長生活，以及在這裏持續散步，更關鍵是，我在書中所寫的觀看方法和思考角度，是深受香港的環境啟發而得。如果不是在香港思考城市，說不定得出的觀看角度，就不是現在的六種。這樣說，不是說這本書提出的觀看方法只適用於香港，恰恰相反是，我相信在不同城市散步，可以帶出不同的思考框架、理解和分析城市空間，而這些框架可被應用在不同城市，藉此觀察城市之間的差異。更直接說，這裏提出的一套城市散步學，綜合了我在香港的城市環境行走的思考，而這套思考完全可應用至其他城市，並得到相似但不一樣的趣味與反思。是故，在寫這本

書時，我一直記着，它是一本不論讀者身在何方，都可以應用的書，是一本有普遍性（universal）的書。讀者閱讀的時候，即使不熟悉香港，也可以理解書中的觀點與內容；讀完之後，也可依照書中的方法，在任何城市散步與觀看。香港啟發了我，但這些啟發不局限於香港，以香港作為起點，指向一種思想的起點。這本書分享的，是我在香港行走時，學到的城市研究。我私心地想邀請讀者，有機會的話，帶着書中闡述的觀點，重新細看香港一遍。

· · · · ·

接下來，談一談這本書的呈現形式。每一章有兩個部分，第一部分是六個觀看的方法解說；第二部分是由相片和簡單說明組成的「影像散文」，輔助解說該章的觀點。那些影像散文，可以視為補充，也可以獨立閱讀。我在探索純文字的討論與影像主導的簡說，是不是可以同樣呈現一樣的思想。有些讀者或者已經猜到，這樣的設定是受約翰·伯格（John Berger）的經典《觀看的方法》（*Ways of Seeing*）一書影響。在《觀看的方法》中，幾篇文章過後，有純粹由圖片組成的章節，呼應前文意念，在這裏我也作近似的嘗試，一方面覺得這種編排有特別的力量，也因為觀看與視覺，是此書的核心。我希望讀者翻開這些可以獨立閱讀的影像散文時，也像親歷其境，彷彿在香港走了一圈。

· · · · ·

影像散文中的相片不是我刻意為文章配圖而拍下的。對我來說，不論是 2022 年出版的《香港散步學》，抑或這一本《城市散步學》，都跟新冠疫情息息相關。2020 年 3 月 6 日，當疫情席捲全球開始成為事實，人們開始意識有一段很長的時間，旅行變成不可能的事，我在社交媒體上寫了一篇題為〈在香港上一課城市散步學〉的文章，鼓勵身在香港的朋友，趁機重新細看香港。這篇文章獲得很多人踴躍的回應，而一切由此開始，從 2020 年 3 月至 2023 年執筆的當下，超過三年的時間，我開始了瘋狂推廣散步的工作（後來我才知道，全球不同城市也有同樣的現象。不同的作者和創作者在疫情期間再思城市散步）。因為瘋狂推廣散步，相關的工作讓我不斷走到香港各個角落觀察，而 2021 年 4 月開始，我用了新的攝影工具，開始了大量拍攝，從 2021 年 4 月至執筆的 2023 年 6 月期間，我拍下了過萬張香港城市空間的相片。

. . . . .

這些照片本只會藏在我的電腦硬碟，但完成書中六章的理論解說後，我忽發奇想，不如我從這過萬張照片中，挑選呼應各章的照片，把它們砌成六個影像主導的篇章？高興的是，當我下定決心，重看所有照片後，兩年多瘋狂散步所看見和拍下的事物，完全足夠解說各章意念。這些照片是我在疫情下推廣散步一個側面的印記，正好跟這本書誕生的背景緊密結合。

. . . . .

這本書以這個模樣呈現，觸及這些內容，是我希望為過去三年在疫情期間，用各種各樣不同方法全力講述和推廣散步的工作，作一個思想上的小結。我希望任何程度的讀者，讀這本書時，都會讀得愉快。去年出版《香港散步學》後，為讀者朋友在書上贈言時，我絕大部分都寫上「一起走下去」，僅以此書獻給所有渡過了這場疫症、身在世上不同地方的人：一起走下去，從城市散步得到趣味、思考城市的本質，並跟地方建立深刻的關係。

5

《城市散步學》可以面世，全因編輯 Dawn 的鼓勵

與包容，我們 2019 年開始計劃出版一本關於城市觀察和城市研究的書，當時我還未用「散步」這名詞組織手上的工作。結果，我拖延良久，竟過了四年才讓計劃落實，萬分愧疚，亦無限感激。我在很接近印刷死線前，才完成書中的內容，編輯和設計師不辭勞苦，賜序言及推薦語的朋友願意趕寫，才讓拙作有幸呈現在讀者眼前，在此希望再次感謝所有協力讓這本書誕生的人。

. . . . .

我最初有系統地書寫城市散步和觀察，是因為跟曾曉玲合作《明報．星期日生活》隔週刊出的專欄「街知巷聞：Ways of Urbanist Seeing」。我負責理論文字，是本書各種思考的前身，感謝《星期日生活》編輯黎佩芬的鼓勵，我才更認真思考城市步行這回事。從 2017 年到今，曾曉玲啟發我非常多，經常跟她討論書中相關思考，而她的城市觸覺往往比我還敏銳，我實在得益匪淺。這次沒有她的大力幫忙，我根本沒可能寫完這本書。

. . . . .

去年出版《香港散步學》後，見山書店的創辦人 Sharon 跟我說的一番話、網友和評論人 sunfai 寫的評論、馬家輝先生的文章，皆形塑了《城市散步學》的內容，我心存感激。媒體《Mill MILK》的創作者 Sam 今年初拍攝一段關於散步學的影片，邀請我分享所想，大力促成了這本書背後思想框架的形成，謝謝他跟我的對話。好友張希雯在我寫作中途，讀了部分初稿，給我非常重要的建議與支持，有這樣的朋友，是作者之福。Rachel Wong 的協助也讓這本書的寫作過程更順利。

. . . . .

《香港散步學》出版前後，以及在疫情之中，通過帶領數十次散步團，以及社交媒體上的分享，我與無數新朋友和讀者相遇，我們之間的對話，都給了我無盡的養分、支持與鼓勵，不勝感激，而我在心裏一直想着他們完成這本書。我跟香港各間獨立書店的交流很快樂，希望繼續跟他們緊密聯繫，也成了寫作的一大動力。今年初，我加入香港中文大學的城市研究課程，任教「城市文化」一科，修讀這科的同學，亦讓我對觀察城市的意義思考更多。去年，在中大通識主辦的經典讀書會作了「從散步學到閱讀經典」一講，也讓我有決心寫好這本書，特此感謝梁卓恒博士的邀請與主持。

. . . . .

最後，無數鼓勵我繼續「散步學」這計劃的朋友們，我在此由衷地跟你們說聲謝謝。

Section.

1

23456

建築

我們在城市生活，放眼盡看一切像是平常不過，究竟如何觀察城市，在熟悉的環境中看出獨特的一面？第一種城市觀察的焦點，落在觀看無處不在的建築。這樣說像是理所當然，街上有形形色色的建築物，但觀看它們的樂趣和意義何在？走在路上，建築物的存在太過合理，以致我們早就習慣，因而麻木經過，或是只看見它在視線範圍裏的一小部分，或是僅在意特別突出和著名的建築物。

· · · · ·

在許多城市，尤其像香港這樣的高密度都市，如果放慢腳步細看與我們相遇的建築物，不難開始發現，每一座（真的是每一座！）都有它的特質與細節！只要我們願意花時間注視，每一座建築都可能成為自己「特別相中的平凡建築」，看見它們獨特的美感與性格。

細看每一座建築物，重新發現它們的美

提倡這一種「每座建築都細看」的觀看方法，不是無差別地假設每一座建築物必然值得觀看，反而想強調，大隱隱於市，帶着留意每一座建築物的想法，可以是一種訓練，在最熟悉和日常的環境中，盡可能重新發現錯過了的美，並有機會遇上特別鍾情的平凡建築。

· · · · ·

這一章雖然是針對建築，但這焦點的背後，是散步學觀看城市的一種想法：真正張開眼觀看，不要太早過濾和判斷眼前的一切，就能從觀看大量的差異與細節中，獲得樂趣，建立屬於自己的美感資料庫。

· · · · ·

有說「每座建築都會有人愛上」，透過這想像的「指引」，我們可脫離社會欣賞建築時常有的前

設，如只在意大師的建築作品、最突出的古蹟和博物館、知名地標等。觀看建築，其實可從身邊任何一座建築物開始，美麗與獨特的設計可以在最日常、仍然被使用的建築中發現，不一定在旅遊指南的推薦，甚或名建築的清單上。

.　.　.　.　.

日常而仍在被頻繁使用的建築物，日子久了，往往只被功能性地看待，不再被視為可以欣賞細看的對象。然而，只要突破這樣的習慣，就能重新發現各種傑作（masterpieces）俯拾皆是。有幾次，當一些建築物被重新發現和討論時，我像是被重新啟蒙，發現城市的美往往在身邊，從此散步時加倍留意遇上的建築。

.　.　.　.　.

這種例子太多，舉一個特別記得的：九龍塘的建新中心。在印象中，建新中心一直是浸會大學附近不太起眼的舊商場，直至它被人以特定的角度拍攝，大家才像被「開眼」般看見它的「未來風」，有着如宇宙基地般的線條與形態，重新看見它 one of its kind 的模樣，始知道是經過精心設計的購物空間。

.　.　.　.　.

當我特意前往，並在附近一帶散步，除了建新中心，還進一步發現廣播道上的建築，都極為好看，像商業電台、香港電台幾座樓宇，以至旁邊的住宅，形態萬千；轉入浸會大學，也發現大學會堂跟相連的幾座大樓，各有可觀之處，看出無盡趣味。越過窩打老道，走進九龍塘平房一帶，有趣的建築物更是數之不盡。我想強調的不是九龍塘的建築特別優秀，而是我們一旦在意身邊的建築，而且逐一細看，一整個光譜（spectrum）不一樣的建築，其實各有千秋的美麗，變得特別顯著。

.　.　.　.　.

這樣的例子多不勝數。有時一個人會在人生中忽

然遇上「叮」一聲的時刻，「發現」了以往不曾留意的美麗建築，這往往是因為社會上有人，或媒體用新的角度，講述一座建築物，像葵涌大連排道的東海工業大廈，因着外牆的用料粗糙，呈現異常粗獷的風格，近年曾被重新討論。從此我經過工廈，都會多看幾眼。

·　·　·　·　·

近年最強而有力的例子，可能是北角的皇都戲院。明明戲院頂部的拋物線型支架在香港絕無僅有，如此引人入勝，但有很多年，它都不被香港人關注！成功爭取保育皇都戲院的研究者祁凱達曾告訴我，他在 2012 年某天過馬路時，抬頭一看，才發現眼前的建築驚為天人，萌生了研究皇都戲院的念頭，預備在它面臨清拆威脅時，展開保育運動。明明它就在那兒，美得不可方物，但大家就是會錯過，而這樣的情況發生在屹立於英皇道上「眾人皆見」的皇都戲院。由此，我們可以想像，還有多少如此獨特與美麗，但不那麼張揚的建築，完全被無視與錯過？

. . . .

當我們細看每一座建築，就有機會重新發現被忽視（overlooked）和遺忘的精良建築、有機會為被視為醜陋的建築物平反（例如上述提及的粗獷主義建築，就曾廣泛被認為是醜陋的）、重訪（revisit）已經被大受讚譽的重要建築，但更有趣的可能是，發現一些「幾乎只是平凡，卻不完全是平凡」的建築，像偶然認識了低調卻富吸引力的新朋友。這樣的「再觀看」，同時是訓練自己再定義什麼是美麗和有趣的建築，那定義的可能性非常多。

※在廣播道一帶散步，看見各具特色的建築，包括香港電台的各棟大樓。

從喜歡的建築入手，認識不同的風格與特色

觀看城市時能獲得無窮趣味的訣竅（trick），是先假設每座建築物都值得一看，而每座建築物都可能（可以）打動自己，繼而尋找鍾愛而未被他人認可的心水。我曾兩次聽見朋友提出，「香港每一座建築都很美」，真的嚇了一跳。他們一位是建築史學者，她說從小就覺得香港每座建築都很美，甚至因着這樣的想法，認為建築師是最困難的職業，不能隨便當成志願；一位則是研究香港現代建築的德國建築師，說走在市區，香港儼如一座戰後建築的博物館，讓他想一一細看，本來只是短暫

停留，最終決定長留在港。「香港每一座建築物都是美麗的」，可能是誇張的說法，略有以偏蓋全，但這是很好的訣竅，提醒我們在香港這座高密度的城市，若把經過的所有建築物都望上幾眼，或者容易有新的發現。

. . . . .

一般來說，欣賞建築能從不同主義、風格和建築師入手，並視這為傳統美學訓練，但這一次我們——繞過這些標準，而是直觀地問，這座建築物長什麼模樣？我是否享受觀看它？說是「直觀」，不代表完全是任意的，每一個人都可以嘗試說出是否覺得某座建築好看、哪部分好看、為什麼好看，漸漸發現自己的美學選擇和判斷，開始「擴闊口味」。當我們發現自己喜歡的元素，就可以尋找比較專業的討論，了解建築界的術語，如何命名這些元素，而自己喜歡的類型屬於什麼類別和風格大類。

. . . . .

這樣，當我們遇上其他近似的大類和元素，就能對這種建築有更多的認識。這種擴闊口味的探索，也可以「逆行」：當我們發現自己偏愛哪類型建築，也可以反其道而行，理解跟自己偏好不一樣的類型，多看它們，並嘗試理解其他人偏愛的原因。我很喜歡「習得的口味」(acquired tastes)的說法，有些事物可能特別討好，初遇時就自然喜歡，也有些事物擁有獨特的形態，可能需要經過時間訓練，才能懂得欣賞，而一旦懂得它的魅力，就無法忽視。一般來說，這些需要習得的口味才能真切欣賞的事物，牽涉較複雜的了解，也需要有一定認知脈絡，但懂得欣賞之後，就像打開了全新的世界。

. . . . .

以音樂作類比，這裏要說的，差不多等同於不挑選音樂的類型，不同風格的音樂都聽，從中發現喜歡的類型，也可以在自己喜歡的類型，繼續研究鑽深，觸類旁通，聽出當中的變化；同時，理解不是自己喜歡的類型，得悉欣賞的向度；最後，刻意聽特別不容易消化、需要習得的口味和學習，才能欣賞的複雜類型。也許一些當代音樂或爵士樂，都可以作為例子。

· · · · ·

若應用在建築的話，我曾有一個感受很深的體驗，是關於現代主義建築的。現代主義誕生以來，這種建築風格普遍反對裝飾和色彩，而它的美麗很多時體現在其線條、簡約的設計、社會性的野心、機械和功能式的美學和特殊的空間感，往往不是群眾直觀就覺得喜歡。不少喜歡現代建築的人，都曾受過相關訓練，因而懂得欣賞它的可取之處。

· · · · ·

我的經驗剛剛相反，在我尚未知曉什麼是現代建築和現代主義之前，就曾有過一種怪怪的醒悟：在中文大學讀書的日子，我一直覺得聯合書院的建築群異常好看，但說不出所以然。這類的建築物和空間，在中大經常看見，但在其他地方卻沒遇過，不只愈看愈順眼，更漸漸覺得這是最有魅力的建築模樣。我還未學懂任何形容它們的語言，只覺得它們像是來自未來，有太空基地的感覺，好像每一座都份外宏偉，那種低調沉實的美學很酷。當我路過時細望它們，已讓我感到興奮，而當時身邊大部分同學都不會特別提到中大的建築物美或不美，大概是對上課地方的環境太過理所當然，只有我像有怪癖般，從讀書時到畢業後的這些年來，每次經過都為它們拍照，瘋狂地拍，也說不出究竟為了什麼。

· · · · ·

有一段很長的時間，我以為這種瘋狂，純粹因為我對大學校園生活的感情，愛屋及烏，過了好幾年才漸漸得知，我在中大校園直觀地覺得很好看的建築，都是香港建築師司徒惠的設計，而且是香港難得密集地在同一範圍存在的粗獷主義或現代主義建築群。當我發現世界各地都有人特別着迷於（obsessed with）帶有近似美學的建築，就像真正打開眼睛了，把對中大建築的偏愛，視為一種繼續探尋的過程，在香港和世上不同城市尋找「像中大那種但又不完全一樣」的所有建築，結果發現許多建築都有近似的美麗，還有無限可能的變奏。

・ ・ ・ ・ ・

回溯這喜愛與發現的過程，絕不是要訴諸「主義」，恰恰相反是，我想強調愈是貼近生活和日常的平凡建築，像是校園，我們愈容易錯過，對它們視而不見，但只要意會世上有不少的社群，特意欣賞不同類型的建築時，就大可放膽提出，「我喜歡這種建築」，並尋找更多與它們類近的類型。同時，認識地方的建築師，也是一種有趣的切入方法。像是司徒惠，他不是人所皆知的那種大師，或被認為是歷史上最著名的香港建築師，離開建築界，認識他的人也許不算多，但往往是這樣用心在一座城市耕耘的「地方級大師」，設計了許多大家一直使用，只要細看就會發現異常美麗的作品。

・ ・ ・ ・ ・

許多年前，在英國留學時，我看了專門談倫敦日常現代建築的紀錄片 *Utopia London*，後來遇上在曼徹斯特起家，推廣欣賞現代建築的雜誌和文化組織 The Modernist，對我的啟發至深。他們的共通點是，在最顯著的傑作外，提醒大家身邊的「日常傑作」有多美麗。教堂、美術館、觀景塔等，可能是觀光客和大眾專門看建築時，願意停下腳步留意的建築類型，但很多建築，尤是公共建築，如學校、公共房屋、醫院等，供平民百姓

※在中文大學讀書的日子，一直覺得聯合書院的建築群異常好看，後來發現大多是香港建築師司徒惠的設計。圖為聯合書院的宿舍。

日復日地使用，卻往往已經被遺忘，或無人特意欣賞。我常常說，在香港，我們實在不難找到野心比美術館還要大的街市。

. . . . .

二十世紀戰前戰後的現代建築，很多時都是在資源短缺、需求急切的情況下快速建成的，強調實用先行，美學遵從迫切需要，用沉穩的形態表達。雖然建築可以充滿野心，設計刁鑽好看，但因着日常功能性的使用，容易讓人錯過它的獨特，需要提醒自己刻意張開眼，才看得到當中的美麗。我不是在此推薦現代主義建築，而是嘗試解釋，通過學習欣賞份外沉實（low-key）的它們，可讓人學懂認真察看路過的建築物，建立可能是很個人的「喜惡資料庫」。散步學的樂趣，是邀請大家選出沒有人會特別談及，但在心裏清單已經出現的「超凡平凡建築」（extraordinary ordinary architecture）。

. . . . .

日劇《名建築裏吃午餐》，改篇自作家甲斐實乃梨的著作《東京名建築魅力巡禮》，部分被介紹的建築物，不是人們想起東京時立刻想起的地標，甚至是很多住在東京的人都沒特意去看的。我特別喜歡她選了目黑區綜合廳舍，就是日常大家處理繁瑣事務的市政中心。由於目黑區綜合廳舍太實用，平常根本不會被視作觀賞的對象，但改變目光，就會發現建築超凡的野心與美麗。這也是為什麼我們要帶着「每座建築都細看」的瘋狂想法，拋開慣常欣賞建築的前設，直觀地感受對一座建築物的觀感，從自己喜歡什麼的類型，回頭發現不同主義和風格的討論。

發掘日常建築的不平凡

我這裏所說的日常建築或平凡建築，沒有嚴謹的定義，只是相對於那些慣常引人留意的不凡建築。不凡建築的美是很明顯的，有時是國際級明星建築師的作品，有時是一般人不會錯過，甚至一眼就認出的古蹟和廣受愛戴的地標。散步時，觀察城市，拋開這些名氣特別大的建築，把周遭的建築物一一從頭細看。這樣的話，短短的一段路，眼球也可以非常忙碌。就像我們站在街上，細看路過的途人，每一個人都有自己的裝扮，這讓我想起電影《一一》其中一句最美麗的對白：「沒有一朵雲，沒有一棵樹，是不美麗的。」沒有一座建築是不好看的。

· · · · ·

當代藝術有一些攝影作品，也呼應上述「再看」建築的意念。德國的觀念藝術和攝影拍擋貝歇爾夫婦（Bernd and Hilla Becher），從上世紀六十年代起持續拍攝各種各樣的工業建築，把同一種類的建築一一拍下，並一格格地並置展出，讓人看見同一種類建築物的變化，像是冷卻塔、煤儲存庫、煤氣鼓等。在這種被稱為「新地誌學」（New Topographics）攝影展示下，每一座穀倉、每一座水塔的細微差異，都變得份外耐看。香港人比較熟悉的麥可·吳爾夫（Michael Wolf），也是屬於這個學派的攝影師，廣泛拍攝遍佈全香港的「街角樓」，不論是圓角或是方角的，通通都拍下來。當把這樣的照片拼在一起，讓人感受本來平凡之至的住宅，每一棟都有鮮明的性格。當我們散步時，即或不拍照，只是細看所有建築，在自己的腦海拼出這樣的並置圖像，互為比較，也就像在跟着貝歇爾夫婦和吳爾夫等大師去重組一座城市。

· · · · ·

攝影的經典範例之外，城市研究和建築理論的重要著作《向拉斯維加斯學習》（*Learning from Las Vegas*），在 1972 年出版後，打破了許多人對值得細看的建築的刻板印象。寫這本書的作者小組故意研究不被認真看待的拉斯維加斯建築，如燈紅酒綠的賭場、旅館、酒吧、停車場等——只要認真看待，這些設計與拼合起來的差異，組成了拉斯維加斯給世人的印象。這本書雖有更深層的論述，但他們啟發世人觀察城市，最緊要是不帶偏見，以一種「有看無類」的策略，把整個區域的建築物看飽看透，細緻分析，才是認真看待一座城市的建築。

· · · · ·

藝術家有他們觀看事物的一種方法，但這不一定是藝術家的專利。也許可以多舉一個貼近香港的例子：摩天大廈。近一世紀，摩天大廈的高度屢破紀錄，除了在一片土地上蓋出更多技術上容許的樓層，以作可用空間兼賺得更多之外，也是人為改造環境的意志伸張。在不少城市，高樓仍是集中在部分地區，不像在香港無處不在。在高樓不多的城市，較高的建築物會讓人容易記着它們的模樣，像近年一些倫敦的高樓都建出大家記得的特異形狀，因而被貫以「花名」，像是「開瓶器」、「酸瓜」、「對講機」等。

. . . . .

有說建高樓是人類社會陽具崇拜的意志延伸，觀看高樓的模樣，就在觀看其中一種城市空間最搶眼的東西；又有一種流行的見解是，摩天大廈太高了，來來去去都是幾種模樣，難以設計得好看。不少人似乎對高樓都有刻板印象，不外乎認為辦公室商廈無甚好看，然而高樓有很大限制，若過去一百多年高樓設計每有創新，就真的要設計非常獨到，才可能把長條狀的建築規限發揮極致。不如重看你住的一區的高樓，看看抬頭時會否看見之前錯過的美學。我第一次驚覺平凡的商廈也有美麗變奏，是首次定睛看力寶中心、怡和大廈和美利大廈，內心的碎碎念是，中環絕不單調！

. . . . .

有一個有趣的經驗，幾次抬頭看到建築的頂端，意外發現像旋轉餐廳的圓形頂層，回家查找資料，才印證了大廈確實曾經有旋轉樓層。有段時間，香港曾流行旋轉餐廳，但現在不少已經拆卸和停用。自此，我仔細觀察建築物的頂端，更對旋轉餐廳的歷史大感興趣。提出觀看高樓的樣式，抬頭查看它們的頂部，是因為當多層建築物極度常見，有時變得太理所當然，以致於我們忘

※旺角彌敦道的胡社生行，原來曾是九龍最高的大廈，最高的一層是已經不再轉動、如今是辦公室的前旋轉餐廳。

記觀看它們，更遑論細察它們的全貌。

自訂一張偏好清單，與其他人分享

細看每座建築物，建立自己的喜好清單，再跟朋友交換討論，就會發現值得欣賞的建築很多，樂趣無窮。好些年前，我的清單上除了有中大校園的建築物，另一處讓我有「啊，我很喜歡這建築」的想法，是遇上長沙灣屠房之時。我很少接觸屠房這類建築，而這樣宏偉的建築物，豎立在市中心，更吸引我的目光。繞着屠房走一圈，即使無法進去，但見屠房外牆井然的幾何構造通風口與各種窗戶，配上荒廢多年而褪色剝落的油漆，都叫我有說不出的喜歡。多年後，我才知道這是現代工業建築宏偉但簡約的美麗，在聯合國教育、科學及文化組織（UNESCO）的世界遺產中，就有不少那樣的工業建築被保留，讓人看到一個年代實用建築帶來的想像力。雖然我們不習慣討論大家是否喜歡這樣日常而功能性的建築，但有機會交流討論，不知有多少朋友會跟我一般，覺得長沙灣屠場是一座好看的建築？

. . . . .

另一座曾經讓我非常記得、同樣荒廢了，卻異常好看的功能性建築，是舊啟德機場的指揮塔。在啟德的大規模發展開動前，每次路過我都多看指揮塔兩眼，並會想起旅行時偶爾登上各式觀景塔樓，為何它不能被保存呢？指揮塔多年來是那一帶的地標，這類型的建築在香港鬧市只此一家，當它被拆卸後，我不禁想，是否因為大眾太少機會表達對這些平凡建築物的想法，以致於它幾乎被當成不曾存在似的？

. . . . .

長沙灣屠場和舊啟德機場指揮塔，是我日常散步時每次重遇，都會再感驚喜的建築物。不是要說它們巧奪天工，但都是在香港不易遇上的建築類型，至少是城市中值得被觀看的對象。然而，它們都先後消失，讓我也有點醒覺，城市裏不是每一座建築物都得到同等關注。若然在日常遇上喜歡的建築，就要珍惜，多談論和書寫，將個人的喜好變成公共對話。

. . . . .

以上大概已完全解說了「有看無類」的意念，也鼓勵大家把稍有感覺的建築物與其他人分享，但大家可能想追問，觀看建築時到底是觀看什麼？喜歡建築是指喜歡什麼？我們需要學會上述提到的習得的口味，以至理解建築時的專業知識嗎？我的想法是，我們先去觀看，因為在街道上看一座建築，很多時只能接觸它的外形和外牆 (façade)，不一定可以內進感受它的空間和佈局。

結語

遇上每一座建築，我們可以問，它是「高矮肥瘦」？我喜歡它的形狀、比例、線條、組件、顏色、物料和質地 (texture) 嗎？這建築物座落在怎樣的環境中，喜歡它跟四周的連繫嗎？它有讓我想起其他的建築物？我是否要把它放在我的偏愛清單上？若然把這些問題都記下來，不羞於跟身邊人談論，已足夠讓散步變成繁忙的觀看活動了。

. . . . .

回答以上問題，是為了摸索自己的口味，開始探索自己的品味可否被改動與轉化。世間確有專業和權威的判斷，評定一座建築的質量。然而，散步的時候，我們不需動輒以專業的眼光觀察一切，而是簡單問自己對每座建築物有沒有好感，並延伸探索自己可能愛上的建築形態。也就是，我們暫時放下專業和權威的目光，先開放喜歡的可能，打破 (destabilize) 什麼為之美麗的定義。當我們習慣以這樣的目光看待建築物後，也許能在城市裏看出更多形態萬千的「美」，甚至不再執著於「美不美」、「好不好」，而是遇上很多讓我們想多看、多想，嘗試「接通」的事物。

. . . . .

當細看每一座建築、開始在散步時遇上自己喜歡的日常建築後，我們對建築形態孰美孰醜，會愈來愈有自己的一套判斷和口味，對更多類型的美麗和設計特色有感覺。由此開始，我們會更留意城市存在不同類型的建築、不同時代的建築和建築物的無限細節。當有一座也許無人捍衛的建築要被清拆時，你心中會捍衛它，因為那是你散步時個人的發現。

最先有「所有建築都美麗」的想法，可能是在中文大學讀書的時候。我一直非常喜歡聯合書院各棟建築，覺得有一種在香港其他地方見不到的、獨特的美麗。很多大型樓宇都氣勢磅礡，像胡忠圖書館，線條非常鮮明。後來，我有機會帶德國建築博物館的策展人、SOS Brutalism 計劃發起人參觀中文大學，他也特別欣賞這兒的幾座建築，並曾在 SOS Brutalism 的網頁介紹。這裏的建築是由很在意如何把現代建築在地化的建築師司徒惠設計。

中文大學有許多好看的建築物，像崇基書院的眾志堂，現在主要部分是飯堂。在整座城市，這種形態的建築並不多，即或如此，在讀書時，我只把它視作日常生活的一部分，而不會看到其美麗。我畢業離開校園後，抽離了一點，也仔細觀察每一座建築，就會發現有些建築物比較不凡。當我愈多了解建築的發展，愈看見它的美麗。

離開了校園，偶爾會遇上近似的建築物。這種建築物的線條與外形具有野心，似乎想表現一種力度（expressive），留有粗野的味道，因而容易被人察覺，並被分類為「粗獷主義」的風格。一般來說，粗獷主義的建築特色以自然狀態的混凝土（raw concrete）建築，有着明顯的幾何結構，並有着怪物般外觀，而讓人印象深刻。但是，在香港，這樣的建築大多都被油漆擦過。

這種美麗可能是「習得的品味」，近年愈來愈多人欣賞城市中這些鮮見的建築，除了國際性的 SOS Brutalism 計劃，香港也有 Brutalism HK。曾幾何時，許多人以為香港的同類例子不多，但經過 Brutalism HK 團隊的研究，就發現愈來愈多例子，像跑馬地藍塘道的怡苑，底層有着形狀像飛碟的行車路，支撐整座大廈，讓人稱奇。

我一直強調，這一章不是談風格強烈的建築或名家之作，反而希望提出，香港的建築物密度很高，散步時不難遇上吸引我們多觀看、喜歡其形態的建築物。甚至，可能因為喜歡一座建築物，後來繼續查看資料，才再發現是某建築師的設計，或可被界定成某一風格。在城市中漫步時，張開眼細看所有建築，有時它們的「平凡」與「不平凡」，端乎我們有沒有「看見它們」。像皇都戲院，多年在北角最熱鬧的大路上，但人們習慣了它的存在，直至有一天抬起頭細看時，才看見它的不凡。

說到這裏，所謂的「平凡」與「不凡」，界線變得模糊了。我用「日常」一詞談論，也許更清晰。我們周遭有無數的建築物，大多時無法一一注視。當我們在最日常的環境散步時，觀察周圍，總會遇上自己特別喜歡的、覺得耐看而有無窮細節的建築物。有一天，我在中環蘭桂坊遇上夾角像一艘船的樓宇，並跟很多朋友分享，不少蘭桂坊常客都表示，他們從沒抬頭看見這一帶有如此模樣的建築。

在散步時，因逐一細看而重新看見的建築中，不一定完全是美麗的，但可以有各種各樣讓人想多看幾眼的元素。有時，發現「噢，原來這裏有這座建築物」，已是一種觀看的樂趣。這座在灣仔軒尼詩道的大廈，相比其他樓宇特別「纖幼」。在不少城市，有人會特意記錄這類的「鉛筆樓」。

多加留意的話，我們漸漸會對城市的建築多了一種敏感度，它們的形態如何、線條如何，因而在腦海中形成一個資料庫。當我以這樣的目光細看每座建築時，愈來愈有一種想法：每一座建築物都有它的「性格」，即使無法落入「是否喜歡」或「是否美麗」的美學判斷，記下不同建築的「性格」，也是一種散步時的趣味。

有時，建築物的「性格」不只來自它的外觀，也因所在的環境，突出了其特色。我在灣仔遇上這看似「頭重身輕」的住宅，真的比左右兩旁的大廈都「突出」。

有時，一座建築物被人記得的原因，也可僅僅是它們的外牆被塗上跟其他建築物不同的顏色。即使是同一類型的建築物，也忽然有了不同「性格」。

我比較記得建築物的形狀，像西九這座隧道通風口，多年來一直存在。在西九文化區各個博物館落成前，它是西九文化區中最具標誌性的建築，模樣像塑膠玩具，部分原因與其功能有關，但設計上的確充滿玩味。

這座在天后站外的建築，像有許多塊組件拼合而成。在香港，很常看見這種像積木般的樓宇，把它們形容為積木，也就可以聯想每組積木的組合，其實都稍有不同。從外觀看，這座大廈左右兩邊的設計不一，左邊的窗戶之間的距離較短，每個間隔也有外牆的阻隔，而呈「凹凸高低」；而右邊的幾個窗戶連成一組，呈現相對「平坦」之感。這種細節，是我們可在街道上讀到的所謂建築的「形狀」。

我很喜歡留意中電、港燈和電訊等公用服務、基礎設施相關的建築。這些建築總設在鬧市，但沒有依從旁邊其他建築的設計，往往都顯然有用心。圖中是在灣仔與金鐘之間的駱克道機樓，有點像舊式變形金剛動畫中，線條簡單的機械人。旁邊的浦發銀行大廈，以漏斗狀設計，當然也是一見難忘。

上述談及的是嘗試細看每一座建築，看它們的形態和外觀，特別是其形狀大小與顏色，這都是頗為直觀的。我們可以留意有什麼建築可得到你的歡心，一段日子以後，漸漸知道自己喜歡什麼類型、不喜歡什麼類型，培養對不同建築形態的喜好。有時，把兩個同一功能的建築作比較，如住宅、高樓、工廠、教堂，也是一個思考的方法。沙田工業中心是我特別記得的工業大廈之一，樓層不高，但外形呈一種樓梯狀。

有的建築類型，是一般市民無法進入的，如各種機房和通風樓，但也有其美感，像在太古城附近的這一座。

這章主要分享散步時觀察建築的趣味，主要談它們的「外在」。由於許多建築物，是一般市民無法進入，所以視點一直假設讀者主要逗留在街道。但是，大家是可以進入一些公共建築逗留。有時，經過這些建築，可抬頭觀看建築物頂部的設計。長沙灣的保安道街市位於市政大廈內，有刻意經營的空間感，走進去像走進了一座博物館。抬頭一看，它的頂部設計呈樓梯狀，旁邊的紅色柱鮮明突出，也看得出用心。

抬頭時，我常常因為看到建築的細節而驚喜。紅磡家維邨的入口由圓柱、多面方向不同的牆壁與紅色格子狀的頂部組成，有點像一座宮殿的入口，每次散步路過時都想細看和進入的。

灣仔東美大廈的地面設有其他店舖，店外的走廊有巨柱支撐。每次路過時，我都想走進去，像是往日騎樓的變奏，而這大廈安放冷氣機的位置很工整，也是路過時想細看的設計。

佐敦恆豐中心商場的紅色彎曲粗柱，同時是通風口，近年較少見到這樣的建築，讓它彷彿成了這段彌敦道上的重要標記。

一直覺得灣仔合和中心很好看，不是一般的高樓，而且有子彈升降機，讓人可作觀景用途。我以為早就對此很熟悉。但每次走進去還會發現更多小細節，如有一次走到堅尼地道，看見半山的入口設計，才發現有這樣類似「倒 Y 型」型的設計。

我一直說「路上每座建築物都可能是美麗的」，餘下的部分僅介紹一些偶然遇上，也許比較少人談論，卻讓我獲得趣味，走進了我的資料庫的香港建築。元朗的朗屏商場，設計的形態本身就像城堡，有三角尖牆，也有層層遞上縮窄的呈現。

喜歡觀看市政大廈在一幢建築內融合不同功能於一身的野心。香港仔市政大廈，由不同形狀拼湊而成，塗上巨大的紅色樓層數字的外牆與黑色的玻璃幕牆，都讓人一見難忘。

近年，香港的公廁因着革新的設計而屢獲關注。粉嶺樓路遊樂場的公廁，用上清水混凝土牆，配合白牆和黑色支架，是建築署建築師溫灼均的設計。他後來的設計，如赤柱市政大廈、車公廟體育館，廣為人知，而這像是簡單的「原點」。

筲箕灣工廠街三十二號的外形窄長，有水磨石門口，圓窗、配色、露台都矚目，是在香港鮮見的組合。

佐敦覺士道的東景台，外形看起來像智能電話，而部分突出的露台，跟當前香港落成的住宅完全不一樣。白色外牆，加上圓角和規整的線條與窗戶，簡潔的美像來自世上另一角落。

上環必列者士街的中華基督教會公理堂大廈的底部設計美妙，從正面看，白色的條狀配搭，既是尖型的頂端，也看見十字架，配上想像力，更像是有一隻大船與許多小船在門口並列，迎接大家。

位於皇后大道西的富大樓，對我來說，是日常建築的美麗，也可打動人的最好印證。雖然大樓的佔地不多，但從外觀看來，幾個單位之間，有着遞進的層次。從許多年前開始，我每次經過都忍不住拍下它的模樣，到了近年，經常看見其他人拍下它的照片放在 Instagram。

中環德輔道中六號，現在是中國建設銀行（亞洲）的分行，而嘉軒廣場（The Galleria）以天橋連接附近的建築。它的裝飾設計，如類近鐘樓的出入口，以及飛碟狀的頂部，在中環讓人眼前一亮。

聖公會鄧肇堅中學的禮堂肇堅堂，多邊形設計，外形似是馬戲團的帳幕。我從未進去，但這是我最想參觀的建築之一。

力寶中心的「雙塔」，是我心目中香港最「特立獨行」的建築之一，像是大家想像未來城市時會幻想那種高樓，是美國著名建築師保羅．魯道夫（Paul Rudolph）的設計。我很喜歡走在巨柱之下，在其平台中漫遊。

香港公園的霍士傑溫室，似由多邊形盒子組構而成，該可列入香港的奇觀之一。

Section.

1 2 3 4 5 6

路徑

如果單說「路」這個字，我們很容易立刻聯想起平坦的行人道或街道，尤其現代大城市常見那種人車分流的典型道路，或像珍・雅各(Jane Jacobs)在《美國大城市的誕生與衰亡》(*The Death and Life of Great American Cities*)裏提到的經典場面「在行人道上的芭蕾舞」——行人在街上共舞協調，即興交流。在這意義上，「路」的好看在於其川流不息和眾人的流動。但是，這一章要談的「路」，指向稍為抽象的概念：如果城市裏所有我們可以踏足前行的「通道」和「線路」，都算作一種「路」，那路的形態可以非常多變。

. . . . .

當我們穿梭在都市環境，任何從 A 點前往 B 點的通道，是第二種觀察城市時的對象。這個觀察對象奇形怪狀，繁雜多樣而迷人。觀看「路」的可能和「路」的美麗，其實也在思考何謂被批准行走的路？一座城市「可以」走的路到底有幾多條？若說沒有被擋着去路的通道就是路，雖說像廢話，但一旦這樣想，路徑的可能性就變多，可以是隱藏起來的捷徑，可以是穿過某人的家而通往後山的小路，也可以是商場裏某條鮮為人知的後樓梯……這樣的思考讓我們觸及一個浪漫的城市研究想法——城市折疊起來，永遠有未知的空間、無法被我們完全掌握和走遍所有的角落。這浪漫，不妨由走不完的路，和路的多重可能性說起。

選擇一條不曾走過的路

走在路上，城市最顯眼的「組件」自然是建築物和樓宇，組件之間的縫隙形成了人們可以行走的通道，但通道又不只有這些縫隙，還有在空中、在地下搭建的、貫穿大廈的、高低起伏的。觀看路的美麗，就是觀看這些多元的管道，它們

的走向和長短、如何被鋪設，或是如何隱藏、如何外露。路的美麗更關乎選擇，當你平日功能性通勤，上班上學，習慣一出門往左邊走，一天悠閒散步時，選擇走向從沒走過的右邊，或者就能得到前所未有的驚喜與體驗。對我來說，選擇之前不曾走過的路，就是最直接享受城市的未知的方法。

. . . . .

換句話說，當我們發現一些從沒踏足的通道，就是一種樂趣，但知道它的存在而沒有走過的路，只是 known unknowns，更好玩的是所謂 unknown unknowns，有些路徑，不只從沒走過，而是壓根兒不知道它們的存在。竄行而發掘全新的通道，就像在角色扮演遊戲（RPG）的開放地圖世界裏，解鎖了全新的路。

. . . . .

我非常喜歡羅伯特．佛洛斯特（Robert Frost）的經典詩作“The Road Not Taken”，直譯其題就是「沒被選的路」。佛洛斯特跟作家摯友愛德華．托馬斯（Edward Thomas）經常一起走路，有天他們同行時遇上分叉路，在那一行之後，托馬斯反覆提及也許另一條是更好的路，啟發了佛洛斯特創作這首傳世之作，思索「另一條路」的象徵意義。後來，陳冠中寫人生的選擇時，也提到這首詩，以「較幽的徑」，反思有沒有所謂錯誤的道路，或較少人作的選擇。

. . . . .

詩作中開首寫到“Two roads diverged in a yellow wood / And sorry I could not travel both”，引發許多人的共鳴，但我們散步或進行城市觀察時，大可說聲 why not both，反覆行走所有可能的路，比較不同路徑給予的體驗，而這也是我在這一章希望提出的嘗試。

. . . . .

詩作的結尾“Two roads diverged in a wood, and I – / I took the one less traveled by / And that has made all the difference”，更曾打動過許多人。如果此前大家傾向選擇一般人選擇的路，不如提醒自己，嘗試選擇「較幽的徑」？這不是談及人生哲理與選擇，而是在城市的領域裏，這根本是探索的「鐵律」——選擇與探尋不一樣的路、鮮為人知的路、較少被選擇的路，made all the difference。

在街道以外，尋找幽秘的路徑

第一次有這樣的「覺醒」，以至往後有尋找幽微與不為人知路徑的「癮」，最先的體驗可能來自走過銅鑼灣世貿中心通往怡和午炮的地下隧道。當我從商場的停車場，推開一道平平無奇的門，竟然別有洞天——我走進了一條地下通道，行到盡頭，抬起頭時已抵達避風塘，一下子跨過了多線行車的告士打道！及後的多年，我不斷跟朋友說起，總會遇上不知道這條路存在的朋友，對此嘖嘖稱奇。這種感覺讓我想起村上春樹的小說，例如是《1Q84》，主角總是探進了未知的怪路，在漆黑一片中前進，回過神來，已身在城市另一角落了。

. . . . .

與第一章談到的啟發相通，又需要提提中文大學的校園，對我曾有一種獨特的啟蒙。建在山上的校園被喚作「山城」，除了靠校園巴士連接各處，中大師生都知道哪一條路能最快上山下山，也知道有許多這樣的路徑。這樣的地方知識很有趣，被藏起來的、怪異的通道應有盡有，條條路徑都幽微，有的需要穿過大樓，乘電梯到達某樓層，再穿過某一道門，才發現A點能連接B點，甚至每每有捷徑可抄，「搰來搰去」成為校園生活的一部分。那樣的空間體驗，讓我緊記城市雖然龐雜，也有同樣的浪漫，有無數步行穿梭的可能，但你要先成為「地膽」，才能感受「怪雞路線」之樂。當一座校園已經埋藏那麼多的路線，城市的「隱藏通道」自然更是數之不盡。

※有一次，我發現銅鑼灣世貿中心通往怡和午炮的地下隧道，有一種在城市探進了未知的興奮。

觀看城市中的各種層次

如何發掘這樣的路徑？這些「可走的路」很多時在地圖上並不存在，只屬於似乎人所共知，好像理所當然的路線。宏觀而言，我們可以先用城市的「層次」(layers) 觀察和想像：如果平常的行人路、行車路是城市的中層，有多少路徑比這一層的位置更高？有多少路徑潛到地底？前者包括各式各樣的天橋，從簡單的行人天橋至容讓行人走過的大型跨海橋，都是一抬頭就望到，鮮明地存在的高空路徑。

. . . . .

在香港，大部分天橋都是比行人路和馬路高，為了讓行人橫過車路而建。那些建造得特別高、不是直路模樣的、距離很長的天橋，都容易讓我們留下深印象。有時，不一定實用，甚或頻繁使用的天橋也會讓人記得，像銅鑼灣怡和街「圓形天橋」，因為地面的過路處已經通行，閒置的天橋像只剩下觀景塔的功能，走在其中，特別寧靜。不過，像在香港這樣着重多層空間的都市，在顯眼與自成一體的天橋之外，還有種類繁多的「離地」通道，如鐵路上蓋的空間，以及各種商場大廈之間的連接。如今已成了經典的 *Cities Without Ground: A Hong Kong Guidebook*，就很美妙地利用多層空間的地圖，展現完全不着地的路，足以讓人到達不同的目的地。在荷蘭鹿特丹，曾有建築師忽發奇想，建出連接不同大廈天台的空中道路，「離地之行」遠不止於典型的天橋。

. . . . .

至於藏在地底的路，聽起來神秘，但不外乎是政府建造的行人隧道系統，通常用來避開地面層的繁忙交通。多年前得知，在倫敦橫渡泰吾士河，除了小孩子也知道的各道橋樑，還有地底的管道可作選擇。聽起來有點理所當然，但我知道之後，還是存有不少夾雜都市傳說和科幻故事的幻想，覺得這些地底通道暗藏機關，很想試走這個另類的過河選擇。

. . . . .

比起離地的路的多種形態，地底路線來來去去都是隧道，但地下城的想像，總為隧道增添一分神秘感，似乎世上很多重要的建築，都有隱藏地下疏散通道的傳言，例如有傳言提到中環滙豐銀行總行的地底能通往不同地方。如在東亞，台灣和日本把零售餐飲搬進地下街，可說為地下城除魅，愈來愈接近地面道路的運作。有趣的是，無論是多商業化、發展多成熟的地下街或地下通道，多多少少還是製造了一種迷宮感。當沒有日照、沒有地面街道的建築作為座標，人們比較容易迷失方向（disoriented），而在地下街迷路似乎是共通的城市體驗。曾在德國杜塞道夫遇上一個參照地下街形態的藝廊，也是故意為行走體驗添上的變奏。

. . . . .

從簡化了的高中低層次思考，還可以觀察三層之間（in-between）的空間，連接高低的路。在香港這個很多路都依山而建的城市，樓梯、扶手電梯、升降機等無處不在，也可被概念性地視作垂直面的道路。近年，有城市研究者專注地觀看香港變化多端的樓梯，像是 Melissa Cate Christ 的研究和 TypicalPlan 的攝影，欣賞樓梯的自身美學。在研究以外，有居民也為葵盛游泳池巧奪天工的樓梯而自傲，這些都是回頭看「通道」而產生的公共文化。

. . . . .

在平常的樓梯、扶手電梯、升降機之外，各種登山升降機和半山扶手電梯的相關系統，加上像葵涌邨新裝置的斜行升降機，都可說是為了「克服」

斜路而誕生的通道類型。在斜路和坡道多的城市，觀察五花八門克服斜路的通道，是教人着迷的觀察對象，住在以《重慶森林》的扶手電梯而舉世聞名的城市，香港人也許太習以為常，一時錯過了這種觀看的趣味。

. . . . .

除了克服斜路與坡道，改變行人速度的裝置，都會產生讓人注目的另類道路，像金鐘太古廣場三期地底的加速輸送帶通道，雖然早就行慣行熟，但再細看的時候，也引人思考速度這個道路元素。記得曾有俄羅斯新聞報導提及，有人思考可否以彈床物料鋪蓋道路，讓住在偏遠村莊的人借助向前跳動的力，前往最就近的火車站時，可以省下一定時間。如今社會多談論未來城市移動和道路的可能時，或者多提電動車和電動滑板等，但延伸想像，這也可能包括各種意料之外，改變我們步行速度的外在配置。

. . . . .

發掘上述隱藏和不為人知的電梯、天橋、接駁通道，就如忽然看見城市的微絲血管，看見穿梭的新可能；一方面有些通道沒有被標記在地圖上，另一方面，它們不是全部被規劃出來的，而是大眾約定俗成創造出來的，例如某些大廈的地面開了一扇門，讓大家通過而成了捷徑。當我們在平地上發現鮮為人知的路徑，固然是迷人的體驗，但「隱藏」的路也是相對的概念——你沒走過的、不知道存在的，這條路就足夠幽秘了。就像我一直難忘多年前，在大坑東遊樂場附近的棠蔭街發現一條山邊小路時的快樂。我們可以珍藏這些另類道路，多與朋友一起散步，讓他們在城市中與不常被發現的路相遇。

所有路都是一種可能

「嘗試尋找更偏門的路」，是推動自己在日常路線以外，繼續發現新可能。偏門的路，可以是各種後巷、怪異的門路，甚或無故走進一座大廈後，發現連接另一邊小巷的通道。當我們談路的可能，其實是指向盡可能探尋更多的未知。

. . . . .

在世界各地，不少人嘗試做一個帶有藝術性的實驗：走完一座城市中的每一條路。不論任何人在任何城市做這個嘗試時，我心裏都會問，如何定義「路」？如果是指地圖上被編上街名的道路，那麼走完一座城市的所有道路是有可能的。然而，若補上上述的理解，路的形態就變得多元，很難說明何謂走完一座城市的所有可能路線（all possible routes）。

. . . . .

這種不可能，是因為我們無法完全掌握一切路徑，而這正是城市空間複雜性的其中一種，也是散步和觀察時，感受城市魅力的其中一個重要方向。我們總有錯過的路、未嘗遇上的路、未知的路，還有待行走的路。大部分人日常思考通道時，一般着重路的功能，務求以最快的速度到達目的地，就像 Google Map 提供的是最便捷的路徑；反其道而行，我們散步時，應該專心發掘隱藏、幽秘的路，是一種把城市視作遊樂場的遊戲。當沒有必行的路，當所有路都是一個可能的選擇，在城市散步就像畫鬼腳，可以到達不同的目的地。當我們不斷發掘與累積，一個人的認知地圖中可行路自然會倍增（multiplied）。

美麗的路是一種體驗

走在路上，發掘更多可能的路徑，已是一種美麗的體驗。那麼，面對未曾踏足的路徑，除了感受新鮮空間感，如何理解這條路徑呢？如何觀看一條路？為什麼可以享受觀看一條路？

上一章談建築時，觀看對象是眼前的一座座樓宇，是相對清晰的，但談到路就不一樣。通道不只是一個被觀看的實體，而是一次前進的體驗，與周遭的一切有關。當我們在街道行走時，兩旁有很多東西可以看，建築、物件、路人等，這些都是書中談到的各種城市元素。所以，我們要問，集中看通道本身 (as such)，即是看什麼？

當我們說一條路「好靚」、「氣氛很好」時，其實是說什麼？我會形容，那是一個混合狀態（mixture），一次穿過一條「管道」的體驗，而穿過「管道」的體驗，是由不同的混合狀態組構而成。像彩虹道體育館附近，有些樓底非常高的長廊，兩旁排有一列間距固定的長椅，我總說這條通道氣氛異常地好。通道的吸引，必須走在其中才能體會，不能純粹遠觀；若你走得興奮，或有驚喜的發現，就是來自道路上不同元素構成的混合狀態：一條路的寬窄、高低、設施與旁邊建築物的

※彩虹道體育館外，有蓋通道的「樓底」非常高，對觀看者而言，形成很好看的走廊。通道夠寬闊，完全容納到安坐的人和行走的人。

關係，甚或兩端有什麼，種種一切加起來，才是這條路的整體。

. . . . .

通道的美更涉及移動的經驗，而不單純取決於外觀，就像我們若在遠處看見一座天橋，覺得它的形態很美，這是不完整的判斷；我們必須經驗上樓梯、走過天橋，再下天橋的過程，包括天橋建在哪兒，是否方便行人使用，也包括距離地面的高度、橋上的照明等——就算一條天橋從外觀看來宏偉，若然它們的出入口隱蔽，或需要繞路而至，也難以說是一座「美」的通道。

. . . . .

也就是，各種路徑都是「因地制宜」(site-specific)。觀看路的美麗，要看它給予過路的人，帶來怎樣的總體經驗，難以簡單斷言怎樣的路必然是美麗的。話說回來，不同城市都有從上而下、帶有意識的嘗試，希望設計一條條討人喜愛的路，紐約的高架公園 (High Line) 可說是極致，荒廢了的高架火車軌，經過許多住宅，本是對居民無用的廢棄基建，一下子變成了充滿生氣的長條形公園。而在香港，這樣從上而下規劃的美好步行體驗，則見諸近年刻意把海傍道路設計成帶有不同想像的海濱長廊。

. . . . .

我在這章拉闊對「路」的定義，擴闊對「美麗的路」的想像，提倡尋幽探秘，刻意避開一些早就聞名的大路，或被刻意設計的大道。在城市探險，不一定要撞進廢墟，也可以是發現更多的路徑，像鑽地的蚯蚓，鑽出不同的新通道，甚至可能僥倖撞進一些灰色地帶，發現偶然才會打開的通道。

. . . . .

一直覺得無人能踏足東區走廊下方的橋墩空間，實在太浪費，怎料近年政府真的決定把當中的橋墩連成一條浮台路。在這條藍圖中被規劃得美侖美奐的行人板道落成以前，早有一條小路，能讓人踏足東區走廊的橋墩——在銅鑼灣避風塘的一角，有一組橋墩特別靠岸，有參與水上活動的人用木板簡單搭出一條通道，讓大家可踩在橋墩上。「地上本沒有路」，但在城市中心，原來仍有邊緣和不被注視的路。被規劃的海濱長廊固然整潔、安全，沿途景色也優美，讓人願意駐足其中，但這一章談論的「美」，是一種意外與邊緣的美，透過發現認知經驗邊緣的通道，帶來快樂的散步體驗。這些年來，我發現吸煙的人、塗鴉的人、釣魚的人，都是這個時代的漫遊者，總在城市中心尋找邊緣的路徑。如果跟隨他們的步伐，或可遇上鮮為人知的巷弄、幾乎不為人知的通道，以及還沒被規整、有點粗糙（rough）的那種海傍路。

沒有人能完全掌握一個城市

人們談城市時以路徑（route）一詞，多在講流動性（mobility）。城市規劃路徑時，需要照顧人與交通的流動性，也要行人行得舒適。當功能性地思考城市時，這些當然非常重要，但我在這裏提出另一種可能，當人們只是漫無目的地散步和觀察，沒有要求以最短的時間抵達目的地、不要只走最寬闊或鋪上整齊磚頭的平坦道路時，觀看「路」的古靈精怪與變化多端也是一種趣味。當我們觀看「路」，也是觀看一座城市可能有的、無窮無盡的路徑。用「通道」這個詞，有點調侃的意味，只要是穿得過的、可以向前移動的「管」，在此都被視作可以發現的路。

. . . . .

在城市研究中，有一個浪漫的說法，城市是你無法完全掌握的，複雜得不斷產生讓人意料之外的

※在銅鑼灣避風塘的一角，有一組橋墩特別靠岸的通道。

事物。在香港這類不是有政府大規模造城計劃建造的大都會，而是一步一步從殖民地開始發展，中途隨着需要經歷填海。各區甚至各街道發展的時間不盡相同，興建樓宇時只有單一的計劃，也沒有宏觀的想像，於是中環有很多迂迴的小路，而鐵巷里甚至成為掘頭路。當我們覺得城市不能完全被掌握，無法全盤知曉它的靜狀，就是體會了城市的獨特性。

結語

過渡（transition）這個字，說的是由A點前往B點，中間的過程通常被視為虛耗時間，僅在等待到達下個目的地。這本書旨在探討各種反直覺的方法觀看城市。若我們走到城市，覺得有無限好看的事物，也許是要經過訓練才能擁有的敏感。第二章的討論，集中談路徑的選擇和可能，就是一種美麗與驚奇。若我們覺得一條通道很有意思，其實是很抽象和複合的說法，是一個混合體，未必是簡單的媒介就能捕捉，我們可以幻想一個不可能完成的創作計劃：如果一個人真的走遍城市裏的每一條通道，在每一條通道的一端，向前拍下照片，讓大家看到通道的模樣，可以猜想有很多路或通道，我們是不會看得出來。這樣的變幻莫測，是觀看通道的趣味，也帶來穿過其中的樂趣。

· · · · ·

如果城市是身體，這一章提出的是，我們可能連它有多少種管道都無法辨清，有血管、食道、淋巴管、氣管，也有各種需要放大才見到的微絲血管。觀看城市的第二種邀請，是細看所有可能的管道，感受城市無法被完全掌握，也思索何謂「走得通」的路徑。

有關於城市路徑的思考，我常說如果通往目的地的路多於一條，而你永遠只走一條，某天你選擇走其他不曾走過的路，就可得到莫大快感，那是城市散步最簡單的一種快樂。不過，由 A 點通往 B 點有幾多條路，有時候答案也不是那麼明顯。城市環境產生許多「本來不是路的路」，找出這些隱藏的路徑，也是趣味所在。港鐵旺角站 E 出口是香港最多人約定集合的地方，出口與建在旁邊的商廈之間，有這一條這意外的路徑，我總視這為一個意象：記得這樣的路徑，你將發掘另一個可以讓你散步的城市。

離港鐵旺角站 E 出口不遠，惠豐中心有一條通道，能貫穿兩邊的街道，從西洋菜南街直接走到彌敦道。這樣的通道在香港平凡不過，穿過大廈和商場的通道與捷徑，甚至不是意外出現的路徑，而是正式被規劃的，但沒有一定的「地方知識」，不夠熟習附近地方，就不會知道這些路徑的存在。散步時，遇上能帶你走進這些「未知的路徑」的朋友，份外滿足。有時，也許可主動問地膽們，他們是否知道這樣的通道。

紅磡有一道天橋能夠連接尖東海濱長廊。這是展現路徑變化的好例子，若然我們從尖東海濱長廊向紅磡方向行走，沿着設計得理所當然的海濱路一直走，忽然成了小坡道，改變了步行的感官體驗，行人漸漸走到較高位置，與高速公路並列。許多次親身走在這路上，都會觀察到身邊行人，慢慢走到路的頂端時，神情也在變化。

鮮為人知的路，多數沒有被標記在地圖上。在港鐵旺角東站與洗衣街之間，有一片閒置良久的地，裏面的大樹非常耀眼。在這空地與旺角東站橋下之間，還有一條甚少有人走過的路。多年來，我一直以此為最有趣的例子，講述即使在最為人熟悉的鬧市中，還是可以有「秘道」存在。這隱藏起來的通道，作為中心的邊緣，也讓創作者在此持續試驗創作塗鴉。有人在 Google Map 上把這條路標記為「Graffiti Wall of Fame」。不過，一如其他隱藏的通道，它們有忽然不再通行的時候。在 2023 年春季，荒地的工程開始，這條隱秘的路被封。如果他日這條路不再通行，就只有一小撮人曾用這樣的路徑穿過旺角。

另一條鬧市中的秘道，也是「中心裏的邊緣」，是銅鑼灣香港大球場背後的一條路。我從中學同學的口耳相傳間得知這鮮少有人走過、幽靜的路。也許不是很多人用這路徑通往其他地方，這反而成為一條適合來回踱步，專門散步的路。

路徑會忽然被封閉，也有忽然打通的時候。在香港，最常遇見暫時的路，是這種用紅白相間的水馬劃出的路徑，通常區隔行人路與工程和地盤區，而有時它們劃出的路，是本來不容許人踏足的。圖中的路是在啟德啟德明渠之上，走在這路上，偶爾有人在圍板的洞看出去，看到流水。

有的路徑是暫時的，一段時間以後就不再存在。例如，灣仔北地盤處處的日子，以水馬圍着的路反而成了主要通道。

將軍澳常被形容為無街之城，像 *Cities Without Ground* 一書中研究的那些離開地面的路徑。離開地面的路徑有很多，而且形態多變，不一定是天橋和商場通道，如在尚德邨停車場裏劃出來的路徑，讓停車場忽然成了居民必經的空間。

同樣是將軍澳。這是比較典型的連接商場的路徑，幾乎無人會在其中停留。在黑夜中，它們像懸在半空的列車。

我特別喜歡觀看和走過「繞過」高速公路的行人天橋，像在西九文化區附近的天橋系統，同樣是令城市路徑的層次更為複雜。昔日西九文化區難以到達，如今新的天橋和道路相繼落成，這些都不是直截了當的路，卻是充滿層次感、離開地面的通道，也可讓行人走到西區海底隧道的巴士站。

這是在紅磡的例子，天橋穿過兩道高架高速公路間，一直想像，這是很適合拍電影的場景，走在行人天橋上的人，像站在一個特意設計的舞台般。

喜歡南昌公園盡頭道延伸出去的天橋（左圖），及上環港澳碼頭旁的天橋系統（下圖），橫空貼在高架路下，也提供了視點，讓行人觀看腳下多線的行車路。

在香港，可觀看多線行車路的天橋不少，最戲劇性的例子，當數灣仔多條橫越告士打道的天橋，各有不同的設計，逐一走過它們，也是非常香港的空間體驗。這是六國中心門外連上告士打道花園的一段。

南昌海盈邨和海達邨之間，建成了長跨度行人天橋，橫跨西九龍公路及連翔道。尋找
特別高的行人天橋，也是一種樂趣，在香港，除了這道天橋，幾道跨海大橋，也是離

有些屋邨沿山而建，以天橋塔樓連接其他通路。如火炭穗禾苑的塔樓和通往幾座大廈的天橋，讓我印象殊深，兩旁像有讓人觀景的「裂縫」，讓站在天橋兩端的人，都有被框出來的特別視角。

延綿不斷的雙層路，當數美孚新邨當中有大量由平台、天橋和樓梯構成的通道，讓人聯想到二十世紀中英國公共房屋設計的「天空街道」（streets in the sky）的概念，在此漫步、上下走動，會發現許多四通八達的路徑。

相對於「在空中」的路，當然還有「在地下」的路。行人隧道，連同地下鐵路開出的通道，也是香港人日常路徑的重要一部分。多年來一直喜歡通往大會堂的行人隧道，多種幾何形狀的設計都有心思，特別是兩旁的三角錐體燈。

在香港可遇上的路徑，必然包括無處不在的樓梯，許多時它們都在奇特的位置，有奇特的形態，像在西營盤西邊街附近的樓梯，有起歪了的扶手。

香港島的平地較少，不少建築都是沿山而起，除了斜道，還有各式的樓梯。斜路上這樣一組梯級（上圖），在香港亦常見。而繼園街的梯級路（下圖），讓人比較有信心可以拾級而上。

城市中的樓梯，最形像化地展示路徑可以有的變化。在半山衛城道，特意建造出來的樓梯連接了堅道與衛城道。

中環紅棉道、花園道和堅尼地道「交纏」在一起的角落。我喜歡通過這些小路和梯級，走進香港動植物公園。

近來，愈來愈多關於如何使用後巷的研究。本是城市的「後園」(backyard)，很多在「表層」看不見的活動都藏在後巷，例如煙民圍着吸煙、員工在店舖後的空間休息。

香港出現美化後巷的論述和介入，一些機構欲以塗鴉令後巷變得「潔淨」而引來爭議。街頭藝術的關注者認為塗鴉創作者不應參與官方發展計劃，也有論者認為美化後巷會把這些邊緣空間的活動趕絕。有一天，我經過柴灣一條後巷，見到這幅牆，原以為是「美化計劃」，但仔細去看，反而似是一些偏執的人，無意中用他的方法，全盤改造了這通道的景觀。

在中上環三十間一帶，因着地勢使然，樓梯和後巷會交織在一起。一般行人未必會穿過這些小巷。

在香港，經常有機會走過這樣的「竹棚隧道」，搭棚工人在建造時，盡力兼顧行人通道繼續流通。

這一章，邀請大家思考的，也是何謂城市中「可行」的路徑。我們尚未發現的路徑，也包括本來可能是不通行的路。

50

當然，在思索城市的路徑為何物以外，我們可以純粹地，觀察不同的路，選出城市裏最喜歡的通道。在疫情期間，我特別喜歡和重新「發現」的，是中環的綿花路（左圖）和坪洲海傍未被命名的一段路（右圖）。在一些時刻，我心想，它們也許是香港最美麗的路徑。

Section.

123456

空間

如果想像城市的主要組件是一切建築物（第一章），建築物之間的所有縫隙與通道是可踏足的路徑（第二章），那麼，接下來順理成章談的，就是在建築物與路徑以外，那些留白的、較大片的空間。這些空間，多是廣場、公園、遊樂場等，被統稱為開放空間與公共空間的「空地」，在地圖上以較廣闊的一塊綠色範圍呈現，形狀大小不一，看來是讓人自由活動之地。

.　.　.　.　.

何謂開放空間與公共空間？專業定義繁複，暫且不作討論，也不深究這些空間是否開放與公共，但它們是被營造的、讓人活動的「空地」或「留白空間」，既不是建築物也不是通道，而是要人在當中逗留和使用，享受一種相對遼闊的空間體驗。在城市集中觀察這種空間，究竟觀看什麼？從中可看到怎樣的美學，而這可指向什麼思考？換句話說，除了體驗遼闊的空間感、享受那些留白、觀察當中的設施，如噴水池、椅子、涼亭等，還有什麼更深層的思考？

在城市中預留一片空間，讓人在當中喘息

不少大城市都有一片可以定義（define）那座城的主要公共空間，多是遊客的首要目的地，像紐約的中央公園、倫敦的特拉法加廣場（Trafalgar Square）、東京的代代木公園，都是大公園和大廣場。老生常談，說這是城市之肺，或曰廣場是公民精神所在，但務實而言，這就是聚人的地方。有說這大片空間的美麗，正正在於人的活動。像在特拉法加廣場，總是熱鬧，什麼類型的活動都有，像自拍的人、買賣紀念品的人、坐在雕像座上的人，不一而足。

.　.　.　.　.

在談觀看人的活動以前，我們先談如何觀看開放

空間的設計與佈局？它是怎樣被組構的？空間內放置了什麼設施、空間被如何切割、各種元素如何讓人在內願意活動與逗留？

· · · · ·

當我們散步時，遇上城市中大大小小的「留白」空間，第一種觀看趣味，是留意其面積。有的面積極大的公園，被認為是城市之肺。有人會以城市喻作軀體，視公園為負責呼吸的器官，往往因佔地廣闊讓人暫忘繁囂，抽離和綠化。除了公園，城市中極大的空間，可能是能容納軍事演練和群眾集會的大型廣場，像能滿載整座城市的人，如莫斯科的紅場。

· · · · ·

相對的是香港常見的細小公園，如街口的休憩處，或口袋公園，在最密集的地帶給人留一絲喘息的空間。開放空間的魅力也許在於，大大小小的空間類型，都為市民提供喘息與留白，有時是被規劃的，有時則不是，而是廢墟和閒置的空間，像鯉魚門石礦場的遺址，因着遺留的一片荒野，吸引不少人探尋不一樣的環境。

· · · · ·

另一種觀看的角度，就是空間的使用性質，有多大程度是從上而下的設計，列明市民享用設施的方法，還是由下而上（bottom-up），靠市民合力的創造，讓空間變得不同。前者自然可以聯想康文署轄下的公園，園內周圍貼上告示，提醒市民應該如何使用，或者不能如何使用，而後者最典型的例子，是曾經開放的西區公眾貨物裝卸區，大量市民前往打卡、拍照而被稱為 Instagram Pier。這片空間本意不是供公眾使用，但因碼頭沒有鎖上大門，內裏的空間寬闊，又臨近海邊，人們開始在這地方活動，賦予各種意義。有人把裝卸區的卡板搬到岸邊坐下看海看夕陽，有人散步、遛狗，有人因借雨後的小水溝拍照，而把這裏命

名為「天空之鏡」……沒有特意由上而下設計的空間，魅力在於人們在其中創造。同樣的例子也見於石硤尾主教山，整座小丘變成由民間創造、滿有活力的空間，街坊在山中放置多張乒乓球桌，還有各種健身設施，彷彿變成了附近街坊的後花園。

· · · · ·

我們說的開放空間，是人們願意逗留其中，並會因逗留而促成其他事情發生的地方。有別於前兩章談及的建築與通道——散步時遇上的建築物，大多無法進入，至少不會有人主動邀請我們內進；至於街道，雖說有些街道是不錯的開放空間，有人願意停留，讓事情發生，大眾也能在當中對

※走上石硤尾主教山時，有人在山中設置多張乒乓球桌。不知道是誰設置這個空間，又或者他們如何把球桌搬上去，但見不少人打球，就像是一個民間運動中心。

話，但通道始終有讓人移動的本意，而不是鼓勵逗留。所以，這一章我們的焦點，是一處讓人在內逗留的空間，如何成為一種盛載其他意義的容器。

. . . . .

觀察這樣的容器，同時是思考城市的意義。開放空間的功能，是讓人純粹享受、休息，是現代都市重要的面向。我們可能都聽過，古希臘城邦有聚集人群的市場，但現代都市起初因公共衛生考量，認為除卻各種有功能的用地，也需有空地讓人呼吸，不像一部只事生產的機器，又或者，即或是機器，也要如身體般，有讓空氣換轉流通的組件。觀察這些空間，就是觀察一座城市如何「唞氣」。

. . . . .

在現代城市誕生之初，有論者說城市是一部資本主義的機器，人們不斷生產。如果按這樣的理解，城市就只會是人們居住，以及各種工作和消費的場所。開放空間的出現，在本質上否定這種論述，說明要是城市只有功能性的用地，大家都活不下去，而流行病的出現，也證明大家需要一些歇息空間，反對純粹生產的活動。

. . . . .

可能有人會問，這種歇息最終是不是也是一種功能，帶有目的？是否讓人身體健康，快樂一點，然後繼續投入有生產力的日常生活？這種說法當然合理，但城市保有這樣的空間，就成了可能醞釀出新事物的角落，而這兒的關鍵字是「醞釀」，如何醞釀人與人的互動，以致產生新的可能。

留白，醞釀新的可能

留白的空間，不一定是所謂公共的。公共的定義有許多，有人着眼於法理上的擁有權，有人着眼於誰人可自由進出，而有一派城市研究者特別在意空間是否容讓有風險和不可測的事情發生。他們說，真正的「公共」，來自人與人自由而不可預計的對話與互動，而這種不可預計代表空間沒有嘗試計劃一切。當周遭的一切沒有被完全掌控，就代表有風險，或有意料之外、無法計算的事情發生；同時，風險帶來自由，而自由醞釀的，就是觀察公共空間時最具趣味的一環。留白，有機會促成「公共性」。

. . . . .

有一派城市研究者認為空間的用途須經過精心雕琢，擺放多樣的設施，以明顯的人為痕跡，指揮群眾如何使用，從而協調群眾的協奏。觀看這樣的空間，趣味在於盤點，羅列各種斧鑿之痕，了解設計師的用心，摸索設計的意志，香港許多公園都傾向這種類型。另一派別則是，可以留白的儘管徹底留白，一塊荒地也許是最美妙的開放空間，當內裏沒有限制，雜草才能在其中滋長，人們也能拋脫平日的規範，即興互動（improvise），開創意想不到的可能，香港最為人所知的例子也許就是上述提及曾經開放的西區貨物裝卸區了。

. . . . .

我經常奇想，當一座古蹟被保留，如果擁有者不立刻進行保育，或活化為博物館和商場等實用的設施，而是容讓古蹟成為一片公共空間，邀請市民隨意進出散步，看看坐坐、想像歷史，是不是就有醞釀創意的可能，成為一個精彩的古蹟保育？當然，在收支平衡與資源的考量下，這只是一種奇想而難以實現。

. . . . .

社會慣常認為古蹟一旦被保存，就需有實際的功能，產生經濟的價值。但是，德國有些工業設施，例如廢棄的煉油廠、煉鋼廠，荒廢多年、長滿野草，後來被改造成公園。當這些地方重新打開大門，就成為了城市裏一片另類的空間。擁有者未必需要強調，人們進來可以了解國家的工業史發展，而是在保有昔日的建設下，攤開這一片空間。單是這種另類的混雜，就能刺激人的想像。

· · · · ·

開放空間的魅力，往往有這兩種極端的交織，一邊是給予大量的資源，一邊是給予無盡的自由，都是激勵（activate）人在這片空間上投入不同活動。在一片空曠的空間，有人覺得沒什麼規範，於是願意作出一些嘗試，如平時不敢在公共地方跑步的，現在跑快一點；有人的想法剛剛相反，因設計者放置了一些設施與資源而開始使用，如公園搭建了一個舞台，有人就在台上表演。

· · · · ·

觀察這類空間，我們着意看其中的安排，是否能醞釀活動與想像。在香港，不少公園都被圍欄包圍，從外無法看見公園的內部。如果你能遠遠看見一個公園的全貌，以至與周邊空間的關係，就會覺得這更吸引（inviting）。觀察一片留白空間，如何畫它的邊界、如何界定範圍和出入口、有沒有圍欄，也是觀察的竅門。

· · · · ·

舉例說，黃大仙鳳德公園有高低兩層，上下兩層的人可互相對望，而各種設施、空間佈局、色彩與設計等，都在引導人如何在其中自由活動，醞釀人與人的互動。又如將軍澳的唐明街公園，同樣有上下兩層，上層的人可透過圓形的開口，俯視下方。

· · · · ·

我們也看空間的設施。樓梯、桌椅、噴水池等都是見慣見熟的設施，但這些元素有了變奏，就會帶來驚喜，人的活動也會更活躍。不少人都覺得太古廣場三期旁的公園，設計特別漂亮，座椅呼應灣仔的海岸線，而講述灣仔歷史的展示板也沒有用上傳統的設計，這些都是驚喜。另外，荃灣大會堂對出的公園有巨大的梯級、維多利亞公園和沙田中央公園都有曾經很流行的天幕般的帳幕，也成為該處的一大特色。

. . . . .

一片公共空間，有很多可以斟酌的地方，如砵蘭街公園被改造後，變成了粉紅色的空間，很多人只談到它的顏色，但它的座位分佈、安放在砵蘭街哪個角落、人們怎樣進出等，都是同樣重要的元素。觀看這些組合與變化，都是觀看公共空間的樂趣。

留白不是等於空白

最為公眾理解的公共空間與開放空間類型，當然是公園、遊樂場、廣場等，若把想像拉闊的話，有些空間也容許行人逗留。我曾試過在油麻地停車場大廈關閉前走進其中，印象殊深，以行人的角度，它好像一座瞭望塔，有些的士司機在此喘息休憩。又有些樓宇的天台很大，如果開放也算是一種喘息的空間，所以，偶爾抬頭看，可能發現在高處的公共空間，包括那些隱藏在高樓裏，幾乎不想讓公眾知道其存在的空中花園。香港有許多這樣的「私人管理的公共空間」，有研究機構特意列出它們的所在地，讓市民能享用這些不為人知的空間。

. . . . .

沙灘也算是重要的開放空間類型，慢慢數着，被列出的種類遠不只是公園和廣場。也許，打開一張地圖，看見那些綠色的方塊，加上在地圖上看不見的，連同忽然空置的土地與廢墟、外人認為已被圍住但只有街坊知道可以進入的「吉地」（空地）等，總之可讓人逗留的，加起來就是一座城市給予人的留白空間。

在香港散步時，不時遇到一些被欄杆圍住，但容易進入的「爛地」。「爛地」這個叫法很有趣，這片空間明明沒有破爛，只是在剩餘（residual）和沒有被功能性地利用的狀態。多年前，我與朋友辦了組織「空城計劃」，專門關注這類被視作剩餘空間的吉地。吉地的存在，其實是一個很好的提醒，城市不一定要每一個角落都擺滿東西。

就如，鴨脷洲大橋下有一片巨型空地，沒有什麼用途與設施，街坊反而覺得那裏夠空曠，做什麼也可以，它的可能性就放大了。例如龍舟被放在那裏、遛狗的人喜歡到此遛狗，也有人帶小型擴音器來聽歌。這一章提倡觀察留白空間，也進一步提議，尋找這樣的剩餘空間，不一定是那種「說好的」公共空間，而是一些意外而生的空地，或被視為無用的爛地。

留白的概念繼續延伸，可以是一個商場的中庭。當商場不擺展銷會，不擺節日裝置，多留一點空間，有些人可以在那裏停留。雖然那不會就此被稱為公共空間，但它有一個剩餘、留白的狀態。

觀看一座城市，可從觀察城市給予生活在其中的人多少留白。說是「留白」，重點在於當中的白不是完全的空白、什麼也沒有，而總會有一些什麼，影響我們的觸感。有人研究港鐵石門站外的那塊空地，有人玩滑板、有人唱歌，而這一切之所以有可能，包含很多「剛剛好」的元素：附近車站跟商場的地形、鋪地的物料等……我們觀看留白，但漸漸看出它不是完全的白。觀察留白的趣味，在於看城市中那片不是完全留白的空間，實際上由什麼組構而成。

第一種留白可說是正規的、從上而下的結果。一些城市地帶被劃為休憩地，規劃的結果和發展的過程，令空地出現，像所有正規的公園與遊樂場。第二種是非正規的留白，可能是配水庫的頂部，或許多時都在閒置狀態的直升機坪，更可能是街角一片樹下的小空地，或較大的迴旋處與安全島。這些都不是特意設置的休憩與開放空間，但當我們帶着敏銳的目光觀看，就可看到城市直接和間接留下了這樣的空間。

．．．．．

有時正規的空間，面積可以細小得很荒謬，有時意外產生的空間，卻是寬廣與優美。從觀看的角度，空間的優劣比想像中複雜，像口袋公園就有它們的趣味。政府故意騰出空間，像是在鬧市中闢出一個喘息的空間，但卻側映出「啊，就算出盡力，空間也只有這麼多」，算是讓我們看到一座城市的狀態。

．．．．．

有趣的公共空間佈局，經常涉及附近的環境。如荔枝角的寵物公園在天橋下方，進去的人沿斜路而上，空間體驗就變化更多；在大圍，寬闊的渠道上架建了一個足球場，也令它有了不同的空間質感。

．．．．．

至於大埔的梅樹坑公園也在渠道旁，像沿河而建般，長條形的公園有其魅力，當中的美難以完全解釋，有了獨特的氛圍，甚至有一絲走進了宮崎駿動畫裏的森林的感覺。而渠道在乾涸時，翠綠美麗，幾乎就像另一個公園，有人會偷偷走進其中。這些「配套」與狀態，也是有時會被忽略的延伸。

．．．．．

正規的留白空間較着重設施與人為改造，但也會有例外的，特別喜歡的例子是柏林的舊機場，

※鴨脷洲大橋下有一片空地，是不少人平日休憩、活動之處。

停用後被改劃成公園，設施反而不是重點。當中最震撼人心的，是政府直接把舊機場開放，並幾乎原汁原味地保留了因為停用而留下來的植物與痕跡。

· · · · ·

社會流行討論地方營造（place making），指設計師和其他想改善一個地帶的持份者盡力讓地方有不

同活動發生，成為更活躍的公共空間。這背後的假設是，漂亮和設計精良的空間與介入，可讓人使用空間的意欲提高，在其中多走一步，而地方營造某程度上回應設施的不足，嘗試用快速便捷的介入，處理當中的問題。值得留意的是，內裏使用的人如何自行連結與對話，也有可能改變空間的氛圍。

. . . . .

除了政府的介入，也能有民間的參與。有些組織／街坊在公共空間，由下而上放置不同的物件，如供大家健身用的器材或漂書架等。那動態就跟上述談及的不同，此時可被觀察的，就是各種臨時設施如何避免被拆走？街坊如何互相協調？在相對沒有管制的另類公共空間，人們各自擺出不同的物件，建立自發的秩序，互相協商經營一個地方，醞釀一些新的東西。

開創公共性，增加人與人的交流

我們觀看城市裏的留白空間，是在看不同空間有否開創了一種公共性。公共性是指人們樂意在其中逗留，並在逗留時出現不明顯的細微協商。這種協商不是傳統上所指的經談判達致共識，而是當我們都在此活動，可能產生的自行協調與不明顯的細微互動。愈來愈多學者說公共空間之所以「公共」，是因為市民給予它這樣的公共性，願意在其中看見彼此的存在，你眼望我眼，感受到「我們加起來就是公共」。開創公共空間，是拓展人們想要使用的地方，更在體現我們的公民身分。

. . . . .

這一章所說的留白空間，不一定是要求我們顛覆土地本來的用途，而是讓人覺得「我能在這裏做一些事，又不一定要做特定的事」。我們可以看別人在做什麼，開始即時呼應與活動，這是公共空間的魅力所在：你看見我、我看見你，我們同在一起，就是公共。觀看一片空間的設計與組成，是否觸發公共性，就有看之不盡的趣味。

· · · · ·

文首曾提到「啟動」(activation) 一字。有時公共空間的公共性一下子被啟動，人人更主動地使用那空間，不一定源於空間的本身，也可以是因為其他外在的原因。我特別喜歡的例子，又是 Pokémon GO。這個手機遊戲偶然啟動了公共性，人們在不同地點捕捉小精靈、打道館，有意識地使用空間之餘，也互相看見彼此，還會有顯著但低度的交流。這讓我想起很多城市的廣場，總是一處「即使大家想不到有什麼活動，還是先去那裏集合」的地方。當我在廣場四處張望，就出現一種很有趣的場面，有人在一角拉票，有人在另一角表演雜耍，有人在叫賣，有遊客在自拍，但更多人無所事事。

· · · · ·

這些人互相感受對方存在，甚至有人開始考慮跟身旁的人閒聊，而被搭訕的人又因而考慮是否回應對方，微妙的公共性就是這樣開展。城市的留白，我們觀看其中帶有公共性的時刻和狀態，同時也可觀看公共性的缺席和不在場。

· · · · ·

過去幾年，我很喜歡觀察追星活動所創造的特殊公共性。姜濤的 Fans 為偶像慶祝生日而聚集在銅鑼灣，築構了「姜濤灣」。Fans 之間微妙的交流由下而上地創造出公共性，將本來並非公共空間的地帶，臨時化作公共。上述提過的西區公眾貨物裝卸區也是如此，同樣曾開創了臨時的公共環境。

· · · · ·

香港曾經非常重要的公共空間，還有禁令實施前的旺角西洋菜南街行人專用區。早年，很多人嘗試在行人專用區進行各種的活動，有人唱歌，有

※近年，臨近姜濤生日，後援會在銅鑼灣包下多個巨型廣告牌、燈箱，而姜濤生日當天，大批歌迷會齊集在銅鑼灣，為偶像慶祝，因而有「姜濤灣」的說法。這是從下而上讓一個地方產生公共性的例子。

FOLLOW
Happy Birthday
VOGUE
KEUNG SHOW
sasa
莎莎
iB
THE BODY SHOP

人拍拍立得，慢慢激活了街道。行人專用區不再僅是只供行人通往那麼簡單，而成為真正眾聲喧嘩的場所。當人們嘗試確認彼此的存在，然後協商，就會產生一種微弱但真實的公共性。那不是說如「我們今天集合在這裏，一起爭取增加最低工資」那種強烈清晰的公共集體行為，而是微弱地連結在一起，是另一種同樣重要的集體。

.　.　.　.　.

我喜歡城市思想家安迪．梅里菲爾德 (Andy Merrifield) 用「大家都來到這兒」(Here comes everybody) 這句話，捕捉公共空間和公共性的意象。從佔領華爾街開始，研究者覺得佔領運動很有意思。在抗爭者的帳蓬陣裏 (protest camps)，不是每一個走到現場的人都帶着同一目標，一心反資本主義，而是一個充滿差異的個體，互相「你看我看你」，然後開始溝通與對話。社會沒有太多自然的機制，讓不同人集合，成為集體，體會磨合差異、聊天交流。留白空間的存在，容讓公共性的偶爾爆發，保存有「大家都來到這兒」的時刻。這些剩餘空間、留白空間，或是保有一點喘息的地方，讓人們可以開展與他人碰撞表達的欲望。

結語

這章鼓勵我們在散步時，留意城市裏還有多少容讓人逗留、停留的空間，觀看這些空間的形態、觀看人們如何在當中活動、觀看當中有沒有產生微妙的公共性。這些留白空間的細節，其實不是空白，空間如何組裝，一一影響人與人的互動，仔細觀看這些空間，同時涉及了觀看人的活動與互動。從細小的爛地到廣場，從某個鮮為人知的天台到精心設置的公園，觀看這些容讓活動開展的空間，同時在思考我們想一座城市孕育怎樣的集體、怎樣的公共潛能。

. . . . .

我想起多番論述公共性的哲學家漢娜·鄂蘭(Hannah Arendt)，特別關心「行動」這個概念。公共，來自眾人的活動與行動，每個人在看見彼此的空間中活動，構想自己下一步的行動，沒有必然的決定與軌跡，由此產生了開創性的力量：創造性來自你我皆不知道下一秒會是怎樣，是以下一秒鐘，我可能會做各樣事情，你也可能會做各樣事情，而我們的活動與互動，或會開創新的狀態與局面，這就是公共性的核心所在。從這角度觀看城市，也是觀察「大家都來到這兒」的時刻，有沒有爆發出意想不到的力量。如果說城市會啟動人的自由與可能性，一方面因為留白空間的存在，有片刻沒有預設我們要做什麼，另一方面因為人們的互動，帶來變數與新可能。

. . . . .

觀看和思考公共空間綻放解放的瞬間、自由的時刻，進一步想像解放的城市的模樣，我們想見到怎樣的人與公共。如果延伸至最遠，這一章是談及烏托邦式的可能。

AIA

這一章，談到散步另一個觀察的焦點，是觀看城市中留白的開放空間，也談到空間的構造如何容讓事情可以發生。開放空間的面積或大或小，擁有權及管理者可以不同，唯一把這些空間聯繫起來的，似乎是一個想法。無論如何，城市都要留有一些角落，讓人可以呼吸。第一時間想到的類型，是城市裏最大片的「空地」，在香港自然最先想到維多利亞公園的六個足球場及大草地，曾經充當廣場的功能。

所謂「容讓事情可以發生」，有時是超出設施與空間原定的功能，就如維園足球場理應是運場的場地。但疫情期間，足球場暫不開放預約，外籍傭工因而可較大規模地使用球場，在當中休憩，充滿生活感。觀察這類空間的趣味是觀看使用者之間如何協調，例如這一刻足球場被和諧地善用，若有人前來踢球，可能會先與外傭展開對話互相協調。雖然存在規則與條文，但這類空間的特質，是一定程度上產生機會讓不同的人相遇，並產生「碰撞」。城市研究有一種觀點，這種協調及碰撞，能造就公共性，而公共性就決定了一片空間是否真的「公共」，而不只是因為多人可以進入和使用，就叫公共空間。就此而言，「公共」更指向大家的相遇和互動。

我們看這些留白空間時，通常注意當中的設施及設計如何促進其他人使用。有些設施明顯是要人功能性地進行活動，有些設施則讓人可發揮創意，即興活動。沙田廣源邨一角，棋桌有既定功能，但大石及石壆既可作為座椅，亦可刺激他人任意使用。我拍下的這一刻，看見當中的混合狀態，這片空間是邨中比較寧靜的位置，眾人的互動既來自設施，亦來自總體的構造，包括上蓋是一道樓梯，能遮擋太陽，讓人能在當中休憩與相聚，這個複雜的狀態決定了這是不是一片有活力的開放空間。

圖中是維園一角，九張長椅連成一列，看起來有一種視角上的幽默感，令人奇想這些長椅如預備有一大群人前來並排坐拍照，而對面的零丁長椅就供拍照者坐下。開放空間的設施是否安放得合理，經常引起市民爭議，我們散步時可更敏感地留意設施的存在，是方便市民的使用，還是劃定了一個前設，限制了其他人的活動。

涼亭是公園常見的設施，如果細心想，「涼亭」一詞的本義只是指乘涼的小空間，英文中的 pavilion 也只是指小型建築，沒有特定的模樣，能變化萬千。我喜歡「涼」這個字，好像帶點禪意，乘涼有點隨性，本就有一種開放性，應該能容納非常多元的設計。涼亭可以說是一種幫助我們想像開放空間能安放什麼，又能保持可能性的假想裝置，應該是帶點自由、讓事情可有機地發生的小設計。

當遊樂設施並不是購入預製組件，而是設計成一個抽象的地景，容讓大人、小孩可以思考怎樣玩，為空間留有開放性。荃灣二陂坊的遊樂場，地面的圖案及沒固定用途的小丘，都在促進使用者彈性思考及使用這個地方。

石硤尾公園看似沒有特定的設施，但一片彎彎曲曲的地景形成有層次的開放空間，令人想在裏面移動，也能互相看見。我們可以說這個有趣味的環境，既可乘涼又可遊樂，沒有設施反而兼容並包。開放空間的魅力，有時就是在於介乎「有」與「沒有」之間的平衡。

鰂魚涌公園這一組為長椅而設的簷篷，是我覺得很好看的設計。有時，公園中的設施設計，有令人記得的美學，未必完全與功能有關。就如前述一般，空間的組合是一個混合體，重點是看它會否令人願意逗留及產生歸屬感。這組簷篷可能不是什麼特別的設施，平實簡單，卻輕巧地讓人覺得坐在裏面，就如身處一個特別的空間。

廣播道附近的公園是另一個趣怪例子。公園的棋桌擺放在設計得很用心的空間，除了棋手的石椅，還有供旁觀的人坐下的椅子，抬頭一看還有高低起伏像皇宮庭園裏的上蓋，我總是說笑，這像是世界象棋大賽的決賽場地。在香港觀察官方的開放空間，其中一個趣味就是這些設施有時不可思議地美麗，有時不可思議地趣怪。

論到留白空間，最先聯想到的是公園、廣場、遊樂場等，是被特意規劃出來的開放空間，然後也有私人、半公共的留白。散步時，觀察它們，可看空間的設計構造、如何形塑人在這片空間的活動與互動。另一種則是市民開創的空間。人的活動挪用了一些空地，是行動創造了新的開放空間，但是開放空間可以誕生，也源於城市有意外地留白，即使有些本意不是讓人使用的剩餘空間。

接下來的照片，將展示一些留白空間的類型。這是朗屏邨的一角，右下角的一班街坊決定不坐在正式座位，而是自行帶備椅子到一個不是設計給人坐下的位置。這一刻，這裏是一片有活力的公共空間。

由下而上挪用及臨時創造的公共空間，除了上述朗屏邨的細小一角，也可以是城市中任何一塊比較開闊的空地。元朗高架鐵路下的空間，沒設施、沒規劃，居民卻會在此打羽毛球及晾衫。我很喜歡這個畫面，是專屬於香港的，一片空間被街坊看中，漸漸變成自家的遊樂場或晾衫的地方。

油麻地百老匯電影中心外的行車路，因着甚少有車駛入，有居民在此打羽毛球。觀看這種機動性與自由，是觀看公共空間偶然誕生的趣味。

相對寧靜和規劃得宜的街道，也會鼓勵人逗留，雖然這樣的街道，在香港比較罕見。曾幾何時，部分街道被轉化為行人專用區，讓街道成了重要的公共空間。銅鑼灣的棉花路，難得幽靜，又有設置得合適的座椅，是街道作為留白空間的難得例子。

上環摩羅上街，當古董檔和排檔關門後，多了行人可以使用的空間。在附近酒吧找不到位子的人，有時席地而坐，臨時把這處轉化成適合交流對話的環境。

從主要的、有規管的泳灘，至較細小、沒救生員當值的沙灘，都是這座城市重要的留白空間。在荃灣步行至深井之間，除了不同大小的沙灘，還有靠在海邊的游泳會。

從海灘到海濱長廊，海邊的開放空間還有許多類型，從比較不被規整，至變得亮麗光鮮的都有。這是銅鑼灣避風塘曾經的模樣，沒有複雜的設計和設施，人們已樂意在此逗留，如今已被改造。

釣魚愛好者的空間觸覺總是很敏鋭，常常找到不太喧鬧的海邊空間。這是西環尾的海傍，這種舊日最常見的海濱欄杆，成了輔助釣魚的設施，而很多香港人學會了高難度地，攀過欄杆，坐在欄杆上靜靜看海或聊天。

荃灣商廈 Plaza 88 的十九樓，有大型的空中花園，是私人管理的公共空間。一般人未必知道，而是要掌握相關資訊，才會特意尋找的地方。

許多迴旋處中心，都是城市中的剩餘空地。有一次，在 Google Map 的街景發現啟德有一個迴旋處，放滿居民晾曬的衣物和食物，因而特意造訪，果然是街坊喜歡使用的空間。

街道鼓勵流動，但有時一些街角特別適合休息與等候。灣仔軒尼詩道這一角，有一個植樹的設計，讓這一位置被轉化為可以逗留的環境。

在紅磡海底隧道香港島出入口旁，有一個隧道入口處休憩花園，鮮為人知。除了有正規的公共空間，也有這不劃作讓人進入的草地。我總想像這兒可以發生的事情。

在北角的東岸公園落成後，我曾多次到此散步，發現兩組橋下空間的大空地，也偶然遇上發現這兒可以進入的人，來回踱步。如今這暫時存在的留白空間，已被劃作停車場了。

雖說香港地少人多，鬧市的空間更是罕有，但時代廣場對出有一塊存在已久的荒地。每次看見這些荒地時，總想有一天可申請作臨時展覽或表演，而我也總是希望設計一張地圖，把香港的荒地全部記下。

接下來，分享幾片在疫情期間，到處散步時遇上的開放空間。長洲有不少這樣的大片空地，容讓兩旁食店延伸，開着太陽傘為食客遮風擋雨，中間仍有空間讓工作的車輛、遊客的單車與行人走過，是在鬧市中難遇上的。

渡船角對出的西九龍站巴士總站的上蓋，設有天台花園。除了路過的行人，平日更可見一家大小在內玩耍，也有人遛狗。站在其上，更可遠望到「八文樓」。

西九文化區 M+ 博物館的天台花園，是難得的大片公共空間。很多人或者去過博物館，卻沒有參觀這處。我特別喜歡在不是對海的一邊散步，行人不多，而從這個角度觀看，這甚有藝術家野口勇設計的抽象遊樂設施的感覺（下圖）。

多年來，一直喜歡灣仔香港藝術中心的天橋通往的一片公共空間，當中放了不少公共藝術的擺設。晚上，在昏暗的燈光下散步，讓人有一種不是身在灣仔的錯覺。

山道下的公共空間，是香港一大奇觀。早是電影《胭脂扣》的拍攝場地，現在偶有社區組織會在橋下活動，而在每年夏天，沿這斜路建成的盂蘭戲棚，也是非常壯觀。

Section.

123**4**56

物件

前三章談論組成一座城市最核心的元素，建築物、路徑和留白空間，都是我們散步時觀察城市可有的焦點。接下來的三章，觀看和思考的焦點，不再是空間與城市的組件，而是轉向城市中存在的「東西」。這些「東西」跟城市的組件不同，可以只是偶爾存在的，可以是流動與移動的，甚或是天天持續改變的。也可以說，我們從看城市的大綱，轉向觀看城市的細節。對許多人而言，這些細節，是觀看城市中最好看的一環。

. . . . .

城市最迷人的細節，當數無窮無盡的「物」(objects)。當我們散步時舉目四望，在建築、道路、空地以外，最能吸引我們目光的，往往是無數的物件，從掛在半空的招牌至路上的擺設，從電話亭至節慶裝飾，城市空間裏充滿了「物」。剛才所說的建築、道路與基建，基本上是不動的，或清拆需時，一條街不會轉眼被移走，建築可變但涉及明顯的龐大工程；相反，有些物件是比較容易被更動的，像一個招牌，法例一旦改變，招牌可能因不符合新法規而不再存在，清拆只是一夜之間的事。這章談的是散步時，在城市環境中遇上的各種物件。

觀看被置在城市的各類物件

以物件作為觀看的焦點，延伸的思考與關懷是，從這些物件如何被安放、被安放在哪裏，而看見權力的互動。若問「誰把這物件擺放在這裏」，讓人先意識到政府或某處擁有物件的單位，都是保障物件的存在，像在街上看見一部超級市場的手推車，其他人是不能隨意把它據為己有的；有的欄杆擺放的位置有問題，投訴人也要經過無數的程序，才有可能要求更改它的位置，甚或是折騰一番，但仍然無法改變。有些看似隨機或有機地出現在街上的物件，也有清晰的擁有權和管理權，是被人故意安放在此。

. . . . .

跟這樣的物件區分開的，是真正被隨機置放在街上的東西。攝影師吳爾夫曾在香港以被人放在不同位置的雨傘和椅子為題拍攝，他的發現很有趣，彷彿到處都能遇上被隨機擺放的雨傘和椅子。這讓我想起，許多同樣的東西都被人當是垃圾，只是沒有被清除，而漸漸被包容，留在城市裏。獲得安放物件在街道上的權力並不容易，但總有例外的狀態，讓一些幾乎被視作垃圾、需要被清除的東西得以保留。我喜歡觀察這樣的例外狀態，以至讓物件留下來的社群機制。這種例子中，我認為最極致，也特別有趣的，是像華富邨旁瀑布灣的神像山，大量神像原是被遺棄之物，偶然間被保留下來。

. . . . .

偶爾，從物件的擺放，看到權力的例外。若我把一個盆栽擺在街上，很有可能在若干日子後，盆栽要不被人帶回私人的地方澆灌，就會被送到堆填區，但有些機制可偶然讓盆栽逗留。例如，在深水埗，許多店舖都在街道上放下盆栽，稍為擋去車輛的廢氣。有時，人們可由下而上地掌控空間，讓物件漸漸成為城市的一部分，如果這種臨時的權力失效，那些曾被安放的東西，終將會變成垃圾。在特殊的情況，像在社會運動時，那些由上而下被安放、平日固定在街上出現的物件，最先被當成垃圾，成為製作路障的物料，如垃圾筒和街道的欄杆等。

. . . . .

那讓我想起，電影研究學者彼得·伍倫（Peter Wollen）曾寫過一篇精彩的文章，將人類學的學說「垃圾理論」（Rubbish Theory），應用在藝術史研究之上。簡單來說，垃圾理論嘗試理解人類跟物件價值的關係：絕大部分的物件擺放久了，就會變成所謂的廢物和垃圾，價值降為零；當它們的價值降為零的時候，就難以翻身。有別於大部分例子，有的物件被好好收藏後，價值會隨年月提升。伍倫提出的有趣現象是，有些難得的戲劇性案例，讓已被視作「垃圾」的東西變得價值連城。他書寫的是他見證了芙烈達 · 卡蘿 (Frida Kahlo) 的畫作，從幾乎無人想要至後來成為國寶級畫作的過程。

· · · · ·

這理論觸發我的想像，如果有「城市垃圾理論」(Urban Rubbish Theory)，任何存在於城市空間裏的物件，總要面對或快或慢、被遺棄的下場，但有各種不同層級的權力，嘗試把一些物件「固定」在街道上，把那臨時的存在拉長。散步時觀察各種物件時，可延伸思考，它們在此被放置多久？穩固如電話亭，隨着需求減少，一個一個的在消失，是我起初對這問題感興趣的起點。

· · · · ·

城市裏繁雜的物件，第一種好看與可看之處，在於它們的豐富多樣。這些物件反映了多重的意志，綜合了很多單位不同的決定，終讓我們看見物件被安放在各處。這繁多的意志，令我們在散步時，可遇上許多意料之外的東西。有一次的印象特別深刻，當我在土瓜灣散步時，遇到一幅被棄置在垃圾堆中的油畫婚照，似乎大家都覺得這有點「神聖」，沒有把它立刻連同其他垃圾清掉，像這種奇妙的相遇，就是觀看城市萬物的魅力所在。

· · · · ·

以上第二種談到的思考，則關於權力，到底有誰可以決定一件物件能停留在城市裏。誰有能力讓物件留下，或者不被留下？有一種說法，「視覺就是權力」，我們現在身處在一個任何東西都想搶奪人目光的年代，例如四處豎立的廣告牌，希望行人看一個信息，購買當中的廣告產品。廣告牌能在城市的現眼處顯著地存在，就是權力的顯現。

觀看城市中物件的兩種方法——「刺蝟派」與「狐狸派」

喜歡將城市比喻為一座博物館，形容內裏「展示」的種類豐富。當你在其中遊走，就能看到很多館藏，但不一樣的是，博物館的藏品是由策展人決定，而城市裏展示的機制就複雜得多。觀看不同物件的存在，同時也是真實體會城市空間的複雜性，有不同意志的對揚與角力。英國藝術家 Richard Wentworth 的創作計劃 Making Do and Getting By，是每天都在倫敦一小範圍內閒逛，即或許多年留在同一地區，他還是遇上全新的物件，以及物件的新狀態，因為「物的繁盛」背後，是流動不息的人與各種活動，這些活動時時都關乎在城市裏置放不同物件。

· · · · ·

近年，有一些 Instagram 專頁，不只集體記錄香港的面貌，而是只挑一種物件記錄，像椅子、垃圾桶、街燈等，細看不同時代的設計改變，以至現在身在何處。有時，這樣的關注會演變為更正式的研究，像改造的手推車被放在路上，延伸成民間設計的研究，也有專門關心招牌的，由此開出許多課題，如招牌上的書法至工藝和法例（Instagram 專頁「城市字記」就拍下路上看見的不同字體）……雖然沒有很系統地記錄，但我近年開始關注不同的欄杆、遍佈全香港公園的象棋桌椅。

· · · · ·

這裏牽涉兩種觀看的方式，也就是所謂的「刺蝟派」與「狐狸派」。狐狸與刺蝟是代表兩種學習的習慣，狐狸追求的是廣泛知識，不挑一物，刺蝟卻是有一門專學，對此有深刻見解。「刺蝟派」選擇集中觀看某類物件，例如只留意街上的電話亭、每家每戶的晾衫架、不同形狀大小的花槽等，直到自己成為該物件的專家。這有點像集郵，由於範圍太廣，集郵的人可能先選擇一個收藏的主題，或是植物，或是不同國家面值最小的郵票，或是單一顏色的郵票等……再推而廣之。

. . . . .

我們散步時也是如此，起行前先選一個主題，然後一眼關七地張望，讓物件變成了街道上最注目的焦點。一個人可以在意街道上任何的物件，甚至垃圾，就像有人特意關注煙頭，究竟抽煙的人會把煙頭都置在哪兒呢？有時，我們或會在最古怪、最意想不到的地方遇上這些物件，發出「咁

※近年，我開始留意城市不同的欄杆，圖中展示的是欄杆被拆下後，有的以橙色封條作為替代。

擺都得」的感歎。這樣的觀看方式，是幻想自己是城市物件的收藏家，在世上不同城市也可以延伸同一趣味。

. . . . .

相對的是「狐狸派」的觀看，享受無窮的偶遇，是看各種種類，享受目不暇給，真正感受被萬物填充的空間，為「天公開物，栩栩如生」而驚歎，是比較簡單而純粹的樂趣，像在腦海建立起一本名錄（catalogue），觀看物件的繁多。對這一派的觀察者來說，專注看一種物品，是偏心的看法，會過濾眼前其他的東西，於是狐狸派的看法，沒有事前設下焦點，而是在街上貪婪地撿拾儘量多的物件。

. . . . .

我常笑說，在觀看物件這件事上，我完全是狐狸派，想「窮盡」眼前可能見到的一切物件，就如迷因圖所說的「我全都要」。相對於刺蝟派，這樣的觀看趣味又在哪？這樣的趣味也許在於對自己觀察力的考驗，像玩「找不同」時圈出所有的發現，既是別人可能看不到的，也需要一點技巧與觀察力。怎樣才「窮盡」眼前可能在一個地方看見所有物件？常常想起法國小說家喬治·培瑞克（George Perec）的小書《窮盡巴黎一處地方的嘗試》（*An Attempt at Exhausting a Place in Paris*），我經常說「窮盡」一個地方，就是借用這小書的意念。此書的嘗試和探問是，如果坐在城市一角，可否鉅細無遺地用文字列出眼前見到的一切？那是一張怎樣的清單？這小書是一種實驗寫作，培瑞克把這個地方的一切記下，包括毫不重要的小事，對我來說卻是提醒，城市最好玩的地方正是，即使只挑出一寸土，要數盡那裏有什麼存在，亦不是容易的。有一次，我在跑馬地遇上一個土地公，絕大部分路過的人都會把它錯過，而有人把一塊膠車牌折曲了，改造成為土地公擋雨的「有瓦遮頭」。

這有趣的小裝置，對我來說，都是代表那種易被錯過、城市裏的百變之物。

從觀看而生的各種創作，記錄生活中的偶遇

在專注力愈來愈稀缺的世界，在街上金睛火眼地觀察眼前的一切，看見城市由無數微小之物組成，看出很多被人錯過的存在，本就是一種滿足，也能得到鍛煉洞察力的快感。一張貼在隱蔽角落的單張、一個繫在橋上的鐵鎖、一些工人栓在欄杆的工具等，這些微物共同構成了城市的細節。

. . . . .

如果一班人集體散步，大家各自打開「雷達」，讓多個腦袋、多對眼睛一同觀看，就能看出儘量多存在於路上的微物。我經常想像，有一天人工智能代替我們掃描散步時出現的一切物件，但在那刻之前，這樣的尋寶之旅，還是難以被代勞的樂趣。

. . . . .

早期論述現代城市的理論家，多關注百貨公司的誕生。百貨公司的櫥窗陳列各種吸引顧客消費的物件，吸引公眾的目光。這樣的經營手法，跟城市中四散如碎片的各種事物爭奪眾人的注視目光。百貨公司的物細緻排列，有計劃地吸引人觀賞，但城市中萬花筒般的物事，不像櫥窗和貨架的鋪陳，沒有過度指引我們的目光和觀看次序。由此可以說，在路上行走，可體會到一種開放的觀看及自由的觀看。

. . . . .

當我們在路上看見各種物件，然後怎樣呢？除了看見物件的存在，進一步還有什麼可能？很多當代藝術家都思考近似的問題，有時創作者會為偶遇的物件進行創作。有時我會想像，或者可把眼

前看見的物，如出門前看見一個信封被遺棄在地上、一盒未吃完的飯，出門後看見的欄杆，以一個故事將它們串連起來。

. . . . .

另一種可能是，當我們看見這些物件後，想辦法跟它們進行創意互動，例如有藝術家帶着一支棒敲打遇見的欄杆，因着欄杆的密度和響亮的程度皆有不同，城市物件存在的偶然就決定了聲音。這裏指向非常多的可能性，在發現物件的存在之外，進一步去思考如何延伸這些偶遇。

. . . . .

「發現」的樂趣，在於一種單純的快感，也是一種分享「原來它們在這裏」、「它是這個模樣」，純粹的看見之樂。藝術家程展緯看到街道上清潔工製造的掃把，每把都不同，設計卻同樣精巧，就是一個很有趣的例子。從發現這些物件，再以此為基礎創作，保證有源源不絕的靈感。

擺放物件與移動的權力

上文已經提到，在發現和仔細觀看物件之樂外，觀看各種各樣物件存在，也延伸至有關權力的思考：誰有權將某個物件放在這裏？我們可不可以移動它？

. . . . .

當代城市經常用到 pop-up 這字詞，指向臨時和期間限定的事物。我喜歡從這說法開展對城市想像：相對於 pop-up，就是固有的。我們觀察物件，也可聚焦看它們的流動性。像一架炒栗子的小販車，如果小販申請了合法牌照，就能在固定的一處擺檔，讓所有想買炒栗子的人前往光顧，但更多時候，小販會推着小販車各處開檔，而不會長期留在同一地方，尋找小販只能靠運氣。在公園設計的討論裏，有人經常爭取增設「可移動的家具」，而可移動的椅子，也常出現在香港一些較為偏遠地區的巴士站，當然這些椅子可能只是期間限定的。

.　.　.　.　.

我們大致上看到，有些東西似是「不動」的，像電話亭曾大規模地在我們的城市出現，而當它開始被淘汰時，沒有大規模地馬上被清拆，只是慢慢在城裏消失。電話亭作為停留在城市裏的「不動」之物，引發一些重新使用它們的奇想。

.　.　.　.　.

有一次，在街上遇上一支被放在路中心的細小膠水樽，被掛上一個紙牌，寫着「磨刀」二字，並有剪咀指向磨刀師傅所在的位置。這樣輕巧的小物，大概無法在街上逗留多時，但這些突如其來

※這可能是我遇上過最喜歡的物件。這個廣告牌用最簡單、最便宜的方法做到想要的效果，停留在城市中。

的物件，往往讓人看見大家的創意，儘可能讓自己製造的東西，在城市佔有一席位。觀看一部手推車以怎樣的方式被鎖在街邊、觀看臨時的招牌如何綁在路上吸引途人的目光，這些都是引導我們看見一種意志——很多人未必有能力令一件物件永久地、固態地存在於城市，卻出盡法寶，讓物件可以間歇地、流動地暫借空間。簡單如在旺角遇上的推銷電訊服務和寬頻的易拉架，都可提醒我們，城市裏永恆出現的這種角力。

. . . . .

城市裏持續會出現游擊式的，讓物件存在一刻的嘗試，簡單如一張便利貼（post-it），已是固定和官方的告示板的對比。近年，偶爾在社區看見一些往往是臨時性質的「漂書架」，有時擺出來的甚至不一定是書架，而是一個被拋棄的雪櫃暫代而成。城市觀察除了可看物件的存在與繁多，也可看物件有沒有被允許，是不是只是一個臨時的存在，或正在掙扎想長期留下。大眾的意志，有時可以共同決定一些物件是不是留在社區，我們觀看時也值得觀看這樣的意志與進程。

觀看路上的物件，也是在觀人

由此延續去想，當一個招牌被移除的時候，除了是店舖結業，也可能是新法例實施以後，店舖跟從法規的決定。然而，對於大眾來說，招牌可能已成為一個地標，幾十年來街坊共同見證，這樣記憶與情感，該如何被看待？物件的去留，也許需要更去中心化的機制，讓對該物件有情感的人，也可以表達意願。

. . . . .

雖然城市裏大多物件，無權力者無從控制它們的去留，然而一旦細心觀察，會看見滿是無力者嘗試的痕跡。公園裏的長椅為防無家者在上躺平，會裝上敵意的建築，加建類似手柄的間隔，但我們不時會發現，無家者會嘗試用簡單的材料克服那樣的設計，如用手上的物件疊高座椅的一部分，讓座椅重新變成勉強可以睡覺的平面，後來更有設計師設計一些輕巧的裝置回應。

. . . . .

若說很多人一直在城市裏嘗試掙扎與角力，意圖留下一些物件，可能很抽象，但我們或者都曾看過不同地區街坊如何在公共空間曬晾被子與乾曬食物，或是以臨時設計幫忙晾衫……都是市民努力通過物件，改造城市之餘，也讓自己的物件，無論如何有機會在當中逗留。

. . . . .

物的觀察，進一步就是觀察人「努力在城市放下一些東西」的各種嘗試。也許最日常的經驗是，當我們拿着重物，很想把部分暫存在街上，之後再回去領回，雖然不是完全不可能，也是一件非常不容易的事。在某個角落，偷偷放下一件東西，雖然是很瑣碎的事，但需要對空間有認知，這一切正提醒我們「擺放」的不容易。

. . . . .

在坪洲這小島上，有無數島民共享的膠椅被置在路邊，海傍更有一些健身器材，如單車機。有這樣的共同約定，其實得來不易。這一章觀看的焦點，若應用在坪洲之上，可更概念性地說明，這小島的有趣之處，在於這些物件例外的存在狀態。島民有共同約定，可以共享這些物件，也讓物件長期停留。

. . . . .

任何人在城市中放下一件物品，讓大家覺得這是共享的，邀請大家共享，並非必然可以做到的，而是需要許多條件配合造就。就像藝術家程展瑋曾在公眾籃球場的儲物櫃放下籃球，籃球不是無人使用，就是很快不知所蹤。

※在坪洲，我遇上街坊共享的膠椅及健身器材。當一個社群共同思考城市空間需要有什麼物件存在，街道上就不再只有垃圾，以及因權力而被擺放的東西。城市空間可以像一座我們共同策展的博物館。

城市的隨機性，帶來了不同的活動

觀看城市裏被置放的物件，最核心的意義在於這是否一座會帶來驚喜、仍然會有隨機性(randomness)的城市。除了「本該在那裏」的各種物件，隨機出現、奇形怪狀的物件的存在，讓我

們看見城市有機的生命力，像香港人到處晾衫曬被，就是一道獨特的城市風景。除了晾衫曬被，還有人在街上曬果皮、曬臘肉、曬菜乾，這些都是非正規的、沒有被由上而下計劃，應該在城市空間存在的物件。

．　．　．　．　．

在比較隨意的環境，有人甚至把自己的雜物放在公共空間，例如在鄉郊嘗試地方營造的朋友說，村民偶爾把自己的東西放在村內，但參觀的學生進到村裏，往往把這些公共空間的雜物工具，誤以為是垃圾。村裏的隨意稍為模糊了公私的空間，而這是其他地區無法比擬。大多香港的地方，空間都被高度管理，每件出現在眼前的事物都是可預計的，不被認可的物件會立時被清走，但我們還是可在縫隙中、在某些時間，遇上臨時出現的意外之物。當官方的規則沒那麼嚴謹，人們就可發揮創造力，如豎立自製的告示牌。觀看意外出現的物件，可讓我們看到民間自創的東西，連帶是非官方式的創造力。

結語

這一章，我們提出了一個簡單的概念，就是反思在街上踱來踱去時遇到的一切物件。為什麼這件物件會在眼前出現？從這一道問題開始，一直細想就會發現物件的鋪排和陳列，有的很有秩序，有的則會跳出固有的秩序。城市有趣的地方是兩種狀態的物件同時存在，而有些物件可以存在很久，有些只是期間限定。

．　．　．　．　．

相對於開首三章談論相對宏大的城市組件，觀看物件的趣味，在於它們的流動不居與變化。有些物件理所當然地常存在街上，但「物件」這個詞語提醒我們，它們的存在沒有那麼理所當然，而是經過特意放置的過程，也不會受到其他人挑戰。也就是，當這些物件違反某些原則，就有機會被人挑戰而需要移除。城市空間中存在的物件，萬物皆有時，加倍留意它們的存在，就可看到可逗留與不可逗留的差異，加深散步時觀看物件的思考與樂趣。

這一章，談散步時觀察各種各樣的物件，大大小小的，會被拿走和消失的、偶爾在一處和暫存的、永存在一地的……這是在我家附近一間茶餐廳旁的後巷裏兩個大阿華田罐。這兩個罐當然曾是茶餐廳使用的，現在是附近街坊用的特大煙灰缸。雖然沒有什麼人把它們固定，但似乎從沒有人要把它們移走。

這章談的「物」，有的是會移走的，有的是相對固定的設施了，像這個在大埔公路上的郵筒。有時，我懷疑誰會記得它的存在呢？誰會在這裏寄信？前文提到，觀看這些城市之物的樂趣，部分是來自搜集同一類「物種」的變化，與存在於不同位置。

我們完全可以想像，城市中有人專門尋找、觀察和記錄郵筒。Instagram 專頁「香港郵筒君 HKPostbox」正是做這回事，而近幾年的趨勢是，即使已有人開始做，不久之後有人也會再開另一專頁做類似的觀察，這是完全不足為奇。集中看一種東西的「刺蝟式城市觀察」，可以選擇的物件千奇百趣，非常有啟發性。

有一天在跑馬地，遇上這一雙郵筒，從背後看，沒有了正面的郵寄功能標示，像是一對父子的公仔，很有趣味。正式記錄郵筒的人可能不會從這樣的角度觀看，換個角度觀看路上物件，再加上自己的聯想，已大異其趣。

另一種如郵筒被固定在某地的設施，就是電話亭。曾幾何時，它們是城市的重要一員，當智能手機普及，很多人會構思如何改變其用途。觀察這些在城市固定的物件，見證它們的模樣變化以外，看它們所在的位置也很有趣味。這個在維多利亞公園的電話亭，被花草樹木及康體設施包圍，顯得格格不入，令人幻想如電影情節般，電話會突然響起，跑步路過的人拿起話筒接聽，劇情就有大扭轉；而且電話亭被兩張長椅夾着，就似坐在上面的人會偷聽這通電話。有時我想，在藝術上我們會說一些作品是「因地制宜」，其實很多城市中的物件都是因地制宜的。

在這一組電話亭被拆前，剛好拍下了它們，當時曾想，會否有人曾在此打過一通很重要的電話，因而為這電話亭消失而傷心？

不久，我看見銅鑼灣出現了「智慧電話亭」，是令人感到非常陌生及奇特的城市物件，也不知道原本的電話亭，是否會陸續被這款電話亭取代。

單說觀察街燈，可能很多人想起典型配有燈柱的街燈。若說尋找城市中各種各樣的燈，就會拉闊了「街燈」的意思。我在灣仔瑞安中心附近，看見這盞燈，像包浩斯（Bauhaus）設計。我們可以設想，城市裏必然有人帶着這個念頭專門記錄街燈，這也是刺蝟式的觀察。

當鎖定一種物件為觀察焦點，遇上這個大部分人覺得平平無奇的景象，就會覺得很有意思：平時拍街燈的人又怎會想到，這裏有這麼多的街燈，讓你隨意拍？

其實，拍下大量的街燈，也不如上述所說的無法想像！我曾在黃埔遇到這一排波波燈，被它們的美吸引，從此就更多留意城市中的街燈。

上一章連番提及的象棋桌，大多能在公園看見。當這類設施被放在一個與環境看來不太配合的地方，你覺得它已不再是一種設施，而是像被人無故放置在此的物件，如圖中這一組桌椅。

吳爾夫拍過很多擺放在不同角落的椅子。椅子是一個例子，讓我們思考關於擺放的權力。雖然這是一張可搬動的椅子，但小巴站的管理者有辦法讓它不被任何人搬走，已反映一種權力。

而當一個人有權力，物件放置得很古怪也是可以的，就如慈雲山的一角，我看見似是隨意擺放，但已被固定的長椅。

上一張照片的焦點是關於空間的佈局，這一張我們集中在物件的美學及趣怪。上一張照片的長椅是標準設計，這兩張在美孚新邨的路邊椅設計顯然有更多的心思。這種椅子的長方形版木大受推崇，被認為是昔日的港式優雅，這個依着地上圖案設計的半彎版本，就更顯獨特。

之前談過，看物件的人就如一個收藏家，會在腦中收藏同一種物件的不同變奏版本。如果有路邊椅的收藏家，這應該會被納入藏品吧！

路牌也是一種近年不少香港人觀察的物件，像圖中的舊式 T 字型路牌，全港只餘下少量。說起「收藏家」，曾有 T 字型路牌真的被人取走，請大家留意，本文所說的收藏只是一種比喻啊，切勿把路牌偷走。

街上的物件如果無人認領，可能會被人帶走，變成私人物品，也可能被當成垃圾清除。城市有很多機制保持街道清潔，也有很多人努力延長一些物件逗留在街上的時間，我們才會走在一個被物件包圍的世界中。

我很喜歡看其他人如何刁鑽地把垃圾塞在不同位置，彷似他們努力不被他人發現他們遺下的物件。

偶爾在街上看見這些物件時，同時發現城市空間有多少窿窿罅罅，這些空間甚至是由物件令它可以臨時存在，如在圖中的例子，架上有空間放置一些盆栽。

或者，不想被人把屬於你的東西移走，最傳統的方法是讓想把物件搬走的人不想麻煩而不動手，如用鎖扣把物件扣好，再把石頭放在上方。

所謂「舉頭三尺有神明」，有些物件不用上鎖、不放石頭，堂堂正正放在街上亦沒人夠膽動分毫。吳爾夫另一個攝影計劃 Hong Kong Small Gods，就是拍攝香港的土地公。喜歡這個由車牌製成的「簷篷」。我經常用這張照片，解說路上觀察物件的趣味，誰會想到土地公與被棄置的車牌可以 crossover ？

華富邨瀑布灣公園的神像山，是一個最戲劇性的例子，讓我們看到物件在城市空間中可以有意料之外的命運。搬家的人不敢將神像當成垃圾丟棄，於是生出這道奇景。

利用街道空間令自己的物件可以安然存在，是一種有人專門研究的民間設計。散步時，觀看物件另一種可能性是欣賞這些生活中的創意。圖中就有人利用兩條燈杆牽起繩子，用來晾毛巾。

商會
마켓홀썸

接下來，分享在疫情期間散步時，遇上特別有趣的城市物件：很多人喜歡觀察竹棚，除了香港，幾乎沒有城市可看見它們了。有一天，我在銅鑼灣見到這個竹棚，伸出來的一段落在天橋頂部（左圖），巧妙地融合城市環境之餘，忽然變成天橋上的裝飾。正面看平凡的竹棚，從側面看就如一個經過精心設計的雕塑（右圖）。

拍攝城市中的物件，都會遇上深夜不能看的食物照。不少人會把新鮮食材放在太陽下曬乾。

招牌當然是城市物件，除了掛在門外作招徠，也有的是懸掛在大廈外牆的大型招牌。梁添刀廠的招牌曾是深水埗的地標之一，如今也被清拆了。

有的招牌模仿另一件物件，有的甚至不是模仿，而是直接將要賣的產品放大，停留在城市空間之中。

Section.

123456

信息

這一章邀請大家在散步時，留意在路上遇到的「信息」。信息跟此前談及的城市肌理、硬件、空間和物件不一樣，不涉及視覺上的學習與欣賞，而是單刀直入，可以是牆上寫着一句幽默的推銷口號，也可能是刻在告示牌上的歷史資訊，像倫敦著名的藍色牌匾 (Blue Plaques)，記載着在該處出生或曾居於此地的歷史偉人，有時還有故事在其中。有別於前幾章，強調的動詞是「觀看」，談到觀看的愉悅，這一章更多談及「閱讀」，在城市裏可被讀取的信息。

※藍色牌匾會置在倫敦的建築物上，以顯示人與地方的關係。圖中的藍色牌匾，位於指揮家巴比羅利 (John Barbirolli) 出生的 Southampton Row。

閱讀城市的各種信息

籠罩着整座城市的信息，第一種可說是不同形態而帶有功能性資料和資訊（information），泛指指引、規矩、地名、街號、路牌等。閱讀這些資訊，通常是有實際需要，但擺脫了實際需要，也可觀看信息如何被傳播和陳列。在香港理工大學設計學院，有學者專門從事信息設計的研究，理解繁雜的資訊如何被人為地呈現。這類型的資訊，有時可讓人看出趣味，例如我喜歡讀舊商場的商戶指南，舊商場的概念是商戶的流轉比較少，內裏的店鋪是相對穩定的，所以偶爾清晰列出商場有什麼貨品類型。但在今天，這樣的指南已經過時，卻反映了往昔對零售和購物的想像。

· · · · ·

另外，我也喜歡看不同的屏幕。從最細小那種，如巴士站顯示班次資訊的，到維多利亞公園門口那種解像度不足的電子屏幕，都讓我們看到城市裏有很多資訊要向我們傳達（feed to us）。在智能城市的討論中，數據和資訊的重要性都被強調，如果能被一一整理，在公共環境裏向大眾傳播，或可大幅度改變人的行為，甚至有可能改善一些城市的問題。

· · · · ·

除了實用類的資訊，第二種信息是意圖向我們傳播意念和說法，可以是最直接的橫額和廣告牌，如講述政治意念的、傳達意識形態的，也可以是迂迴而不完全靠文字的，像公共藝術，或是一座銅像，已經顯明對歷史的看法。我們走在街道上，周遭有無數形態不同的文本，值得我們觀看和留意它們的呈現方法。

· · · · ·

第三種信息是較抽象的，是我們把在城市裏遇上的一切視為「文本」，也就是除了觀察，作出美學上的判斷外，也把城市裏所有東西視為「符號」。當有「符號」，我們就需要解碼 (decoding)、消化、解讀、解釋，讓不同東西對我「說話」。更準確地說，有些信息甚至是我們自行產生 (generate) 的，城市裏的東西接通了我的記憶、思考，產生了一些想法、意義，而通過我的特殊解讀和詮釋，一下子變成了只有我才閱讀得到的信息。這種信息比上述所講的更迂迴了，甚至不是「間接」的信息，而是一種很個人、只有在我腦海出現的想法與想像。

. . . . .

舉一個最簡單的例子。當我走進土瓜灣美華工業大廈的停車場，這是電影《英雄本色》的拍攝場景，對我來說立時就不只是關於美學和其細節，還連向那部電影，不只是《英雄本色》的表層意義，甚至是電影之於我的意義。這樣，這個停車

※美華工業中心的停車地是電影《英雄本色》拍攝地，每次路經的時候，自然聯想起戲中的片段。對我來說，這個地點不再是一個普通的工廈停車場。

場給我們的信息，就是無法完全估計的了。這裏所說的信息，是指我在散步時遇上各種各樣的城市事物，因而觸發的奇思妙想。

. . . . .

我們帶着靈活與活躍的腦袋觀看城市，除了看到它的形態與細節，也不斷思考。通過這些思考，所有事物都盛載「意義」——如此一來，這裏談及的第三種信息，是通過聯想而得出的意義與信息，是一種閱讀事物的延伸想像。

城市的信息，也來自我們的聯想

此前談到的觀看、理解、詮釋等，可說比較是外在的，指向相對客觀而言看見的、存在的東西與畫面。上述所說的第三種信息，開始傳遞一些關聯感應：當我們在散步時遇上一些事物，可以用「這讓我想起……」的句式講述所見到的。一個我很喜歡的例子，就是人們講述「這個地方很像另一座城市的某某地方」，可以是很個人的感應，但有時也會演變為集體的對話，像網民因為一張拍了觀塘綫列車與 apm 的夜景照片，開始討論「原來觀塘很像東京」，這種關於地方信息與意義，開始變成共享的聯想。我們模糊地對東京有一個印象，共享一個語境（context），所以眼前這片風景引導我產生這個信息。

. . . . .

這一章強調觀察城市的趣味，除了來自偶遇與細看，也包括主動解讀和賦予當中事物一些新的、個人的、集體的意涵。這裏指向的，是非常開闊的、創造意義（meaning-making）的可能，而這創造意義的過程，許多時並非完全天馬行空。我們共享的意義基礎，往往來自非常有趣、談論地方的計劃，例如研究電影場景的計劃、比對兩個相似地方的討論，賦予一個地方有不同意義，向我們

傳達信息 (speaks to us)。因此，我們談的不是一切個人的、天馬行空的聯想，而是各種人際之間 (inter-personal) 的聯想。

在路上，看見的官方式資訊與廣告

在街道上的資訊，特別有趣的是各種地圖指示牌，用以指引方向與路徑，把城市空間濃縮在美學不一的設計上。香港曾經購入英國 Transport for London 設計的系統，地圖指示牌 Legible London 以深藍色，配上黃色為主調，辨識度高，牌上亦寫上附近十五分鐘路程內的景點，為城市建立一套特色視覺的體系。雖然現在人人手執一部智能電話，打開 Google Map，尋路已經不是困難的事，但一套設計良好的實體方向指引，連同展示街名的系統，還是可大幅影響人走路、覓路與定位的習慣。無論身在哪座城市，除了道路是否易行，我都有興趣認識城市如何令自己變得更易辨認 (legible)，這是很重要的配套與信息。

.　.　.　.　.

另一種重要資訊是歷史資料，它們的展示要如何有效地融合都市環境，而不至變成教科書般枯燥乏味？甚至，哪個面向的歷史被陳述也是經過選擇，所有在城市中豎立的銅像，都有歷史性的選擇。

.　.　.　.　.

世界許多摩天大廈都會在外牆顯示資訊，包括香港的環球貿易廣場 (ICC) 外牆的動畫。這些屏幕上顯示的資訊，除了各個節日的祝賀與宣傳，還有沒有另類的可能性？可否每晚在特定時間就顯示「是時候下班了」的問候，道個晚安，或用顏色表達城市的心情？這些當然只屬於我的狂想，但是智能裝置收集了許多城市裏的大小數據，從而得知眾人的情緒、正在看什麼影片、聽什麼歌，

※**Legible London 的香港版，除了一般的方向指示，也配上兩張比例不同的地圖，方便遊客知道方向。**

如果變成較抽象的資訊轉達，或者也是一點點詩意。城市的資訊大多反映我們需要看到什麼，是全然功能性的。如果有其他非功能性的資訊，在重要的頻道上展示，或者能讓城市變得更溫柔。

· · · · ·

但是，不是只有文字才是資訊，像台北 101 頂部的 LED 燈每一晚都會轉換顏色，以紅、橙、黃、綠、藍、靛、紫，顯示當天是一週的哪天。作為城內最高的大廈，市民從很多地方都能遠眺這座建築，如果忘記今天是星期幾，從這另類的資訊系統，就可以快速得到答案。而101的外牆在特別的日子更會打字點燈，回應社會時事，甚至開放給民眾許願。

. . . . .

有時較有創意的信息，會通過廣告創作而在城市裏出現，也有不少藝術家在思考如何介入城市空間時，想到用廣告牌展出本來不會被展示的信息。在東京，曾有一個垂直廣告牌展示，如果三一一大地震引發的海嘯在東京出現，海浪實際的高度有幾高。展示社群信息的欲望也可成為城市介入和行動（urban interventions）的靈感，例如在英國，曾有藝術家邀請各家各戶用粉筆將每幢樓的用電量寫在地上，透過互相觀看，開始關於能源和可持續發展的對話。

. . . . .

這些例子可跟我們在香港城市空間中看到的各種資訊對照。我們可以思考，如果要將最正路的資訊換轉成另類資訊，究竟可以換成什麼？舉例來說，關於一幢建築的資訊，除了講述它的歷史和落成年分，可否也提及工程涉及的工傷？這種做法是把城市讓我們讀到的資訊問題化（problematize），一方面觀察資料是怎樣被包裝，一方面思考或發現資訊的選取和呈現的新方式。

. . . . .

在旺角西洋菜南街，也就是港鐵旺角站E出口，是香港其中一個最多人等人的位置。那裏，曾出現一個巨大的廣告牌，列出大家想起旺角時，聯想到形形色色的事物。這有趣的嘗試，可以是一個狂想的方向，如果每一區都有這樣的廣告牌，通過很多數據或網上討論，呈現各區的綜合資訊，像一個個文字雲（word cloud），讓我們重新理解大家眼中的各區特色，或有意料之外的發現，很有意思。

藏在大街小巷，由下而上的另類信息

以上論及的都是我們在城市散步時，能閱讀的比較正規的資訊，除此以外，還有許多其他充滿玩味的信息。閱讀這些資訊，既充滿樂趣，也教我們反思在城市中「書寫的權力」。我們立時會想到塗鴉，那是非常直接，由下而上展示信息的手段，同時也讓城市空間中的信息變得多元。有時，塗鴉的趣味在於它們是莫名其妙，未必是可被解讀的模糊信息。例如，香港曾經有用貼紙方式作塗鴉的創作者，把自己的樣子貼滿全城。有時，它們是故意的、對主流意識形態的幽默嘲諷，像香港就曾到處出現過「詭異笑臉男」的貼紙（是旺角咖啡店龍華軒店主有意識的創作）。這種非正式信息的趣怪，有時包括塗鴉存在的位置，令原本並非不明所以的信息變得不明所以。如渠王把自己的廣告寫在刁鑽位置，因着位置過於神奇，似乎無法讓一般行人認知，以至於本來隱含的廣告意義變得沒那麼顯眼。

. . . . .

自稱「九龍皇帝」的曾灶財曾以毛筆在城市四處塗鴉寫字，寫下他的家族歷史，有些人認為是一種控訴，但也成了大眾眼中不明所以的信息。當城市經常充斥轟炸我們的正式信息和廣告，那些曲線的、古靈精怪的、複雜而又不明所以的信息，就顯得份外有趣味。

. . . . .

由下而上的書寫，連同塗鴉在內，有時也是一種手段，放大他們的控訴，實驗性地讓這些另類信息在城市空間中停留。我經常會想起電影《廣告牌殺人事件》（*Three Billboards Outside Ebbing, Missouri*），故事的開始源於主角租用三塊廣告牌作出控訴。雖說現實中要租用廣告牌傳講自己的信息，往往要經過審查，未必那麼容易（追星社群用廣告牌作為應援，是很有效的嘗試）。電影上映之後，有人仿效主角的做法，在倫敦租用三輛貨車展示信息抗議，就是很有創意的做法。從站在街上派發傳單，至騎劫（hijacking）廣告位置的基進方式，不同人總是嘗試在城市裏傳達信息、爭鳴的欲望。

.　.　.　.　.

喜歡藝術家 Banksy 曾用 “The writing on the wall” 形容塗鴉和街頭藝術。對無權勢者來說，若要在當代都市中的牆上書寫，展示稍為大幅的信息，是非常困難的。我們走在路上，其中一種有趣的觀察，就是看不同人如何發揮創意，盡可能利用城市環境，傳播信息。

.　.　.　.　.

※在「大坑節」時，主辦單位與店主合作，在不同店舖外設置歌詞牆。

近年，Instagram專頁「香港街上觀察HK Street Observation」記錄人們在街上用箱頭筆寫下的語句。除了展示各種引人入勝的句子，這種紀錄也是啟發我們思考，在城市裏書寫和留下信息，還存在各種可能性。藝術家Rogerer Ng看到香港街頭上無處不在的政客宣傳橫額被劃破，就開始縫補，讓修補回應破壞，也成了一種講話的方法。

· · · · ·

當城市忽然在各個角落重複出現一系列的信息，對我來說，是展現了一種難得的詩意和神秘感。我最喜歡的一個例子，就是農曆新年時，店舖習慣在鐵閘貼上「初X啟市」，本身只是一種資訊，告訴客人店舖什麼時候開始營業，但當每家每戶都這樣貼的時候，就像變成一場復工的比較。我很喜歡逐一看那些告示，尋找最遲啟市的店家。又例如曾經有一個音樂應用程式的廣告，以黃底藍字，或藍底黃字的色調呈現流行曲的歌詞，因而引起很大的迴響；在大坑節時，有店家在牆上貼上流行曲的歌詞，吸引遊人打卡拍照，都是讓人眼前一亮的例子。

· · · · ·

甚至，有的電影或小說書寫一種橋段，講述城市突然出現一個不明所以的符號，勾起主角的興趣，繼而追尋背後的原因，如電影《點對點》。這些偶爾出現讓人無法完全解讀的信息，彷彿是對過度飽和的資訊環境一種微妙反抗。

· · · · ·

談到這兒，想起有一個觀念攝影的作品，是嘗試將日本街道上數之不盡的廣告信息移除，並由白色的平面取代，那是頗有啟發性的畫面。我們在被信息包圍的環境中，像是有無數人要搶我們的注意，向我們講話。如果在這些聲音中，出現不協和的怪調，反而就成了動聽的弦外之音了。

· · · · ·

在公共空間中，公共藝術許多時用來表達一些正經八百的信息，但不少當代藝術家都嘗試探索實驗性地表達信息的可能。近年間，紀念碑這種公共藝術引來了廣泛的反思，在西方有人發起社會運動，檢視紀念碑和銅像的廢存，展開了關於城市信息傳播的對話，正視各種紀念碑的意義，不要麻木地讓紀念碑存在於城市裏，傳播不合時宜的信息。西方世界有了 Monument Must Fall 等運動，推倒一些法西斯主義者的雕像，都是很值得深入認識的案例。

城中的集體聯想，構成了一種獨有的信息

上述提到，對信息的思考，除了充斥城市空間、「向我們說話」的媒介與嘗試，還包括我們偶然遇上不同事物時出現的聯想。這些聯想構成了我們在城市空間裏讀到的信息，而這種「自行解讀」的信息是人言人殊的。但是，這些聯想有時不是完全是個體的，而是一種集體的聯想，許多人能同時「解讀」和「聯想」近似的信息，而這一章最後的部分，就是關心這些偶然而屬於集體的城市信息。

. . . . .

若我們跟他人一起散步的時候，當中的任何分享，或者日後也會成為對方的聯想，這樣的交流是局部和局限的，而這些聯想很私密，有時只對自己有意義（make sense）的。不過，有些媒介就能跨越二人，或者個別的群體，成為人與人之間的中介，令大家遇上同一空間或事物時，得到共同的聯想。這樣聯想的信息，不至於過度私密，而有公共性的版本，如書寫地方的計劃、電影場景導賞。

. . . . .

就像中環的半山扶手電梯，自從我少年時代看過

王家衛的電影《重慶森林》後，每次乘搭這電梯時，就自然想起主角經常在其中走動的畫面。而其他看過電影的人，自然明白那扶手電梯的意義，走在其中就不單是乘搭扶手電梯，省下時間更快更便捷地到達半山。就算其他人的經驗不同，沒有看過這一齣電影，也可能因着這扶手電梯而聯想其他同在那地取景的電影，電影場景就是一種意義的添加。這是一個充滿意義的世界，不是所有事物都只為某種功能而存在。

. . . . .

試過跟一位朋友在鴨脷洲散步，他看見街上的 7-11 便利店，而聯想起一張唱片的封面。唱片封面的插畫是描繪一個街角的景色，而那便利店就是在近似的街角。這種意義和解讀的趣味，只是在他腦海產生。當他跟我們分享時，這說法便能流通，其他人再去那間便利店時，便會想起他說的意義，那意義就開始倍增。可以想像，如果有人發起一個計劃，把不同唱片封套的影像，跟相像的城市風景接合，並把這些想法公開發佈，就能更廣泛地推動城市想像的文化介入了。

. . . . .

當我們在城市看見一件事物，因而有無限的聯想，就像事物跟我們說出不同類型的信息，把觀看城市的趣味進一步增加，而各種擴闊這些想像的，我稱之為「城市文化計劃」或「書寫地方計劃」的嘗試，都是當代城市生活中很重要的一環。在我心目中，所有主動談論城市空間的內容，都可廣義地視作這樣的計劃，像近年廣受歡迎的「香港遺美」與前文提過的 Brutalism HK 等。

. . . . .

這一章前半部分談及的信息，往往是向你傳達一些資訊，是由上而下和封閉的，然而當我們訓練自己的聯想能力和想像力，並接觸許多挑動我們聯想的計劃，那麼我們觀察城市時，就會讀到各種非計劃中（unintended）的信息：一時之間，城市環境被扭轉為由下而上、開放、多元化的信息環境，我們能在其中進行廣闊的解讀，閱讀一座城市，享受它豐富的意義。

. . . . .

如果大家都在公共領域中，談論這些聯想，述說地方，為它累積多種意義。我們走在街上時，就能享受這些被群眾合力積累的信息了。近年，不少關心地方和城市文化的人，都通過社交媒體，或其他媒體，彼此閱讀，談論地方意涵，正是顯著的過程，讓我們看見地方的聯想被積累。

. . . . .

一個討論電影場景的計劃，除了帶人重訪場景，也能延伸討論電影的意義。如談到《英雄本色》的停車場場景，可讓城市散步的人，不僅看到那停車場的空間與設計，也讀出承載的一種意義，就是有時自己也會忘記和錯過了的，由場景延伸出的意涵。當一座城市有類似的「談論」，空間承載的意義被廣為流傳，我們「錯過」這些信息的機會就少了。

. . . . .

當社會上很多人開始談論地方，以至對地方的愛和聯想，就可以形成一張地方的意義網。地方的意義可以由大量的對話與交流被激活。當很多人一起講述一個地方、一個角落、一個城市的不同元素，而你聽過別人講解以後，散步時忽然記起其他人的講法，那就如在街上得到了新的聯想和信息，即便這信息沒有被展示出來——那是社群對話所構造的信息。

. . . . .

於是，在城市散步，我們不單接收了一些已寫好或存在於城市的信息。日常多關心各種各樣講述這座城市的文本，就像建立個人的資料庫，在散步時記起其他人的說法，也會得到無窮的樂趣。

結語

以走進維多利亞公園，總結這一章關心的焦點。如之前所說，在維園散步的時候，你會看見當中的空間、設計，有怎樣的建築，這一章第一部分談到的，是各種存在於空間裏向你說話的信息，可以是解說植物名稱的資料牌，可以是場地的規例、公園的雕塑、指示不同分區的地圖等；第二部分講述的是，我們從中能解讀沒有被書寫出來的信息：許多人參與講述公共空間、研究香港歷史，因為讀過這些材料，當我們走在公園，也許能讀出沒被書寫在公園的歷史、想起大家如何談論過這個地方。

· · · · ·

在空間行走，聯想起這一種「文本」，想到不同的故事與論述，是一種前幾章未談及的滿足感。關心城市，多留意城市空間的討論與創造，也是由行為空間賦予無窮意義與聯想的方法。讓我們在散步與「閱讀城市」之餘，也參與共同創造意義的進程。

「城市會對你說話」不只是一種浪漫的比喻。城市通過各種告示版、呈現資訊的媒介、存在於城市的文字及符號，對我們絮絮不休。這一章的開始，我們先談這一種直接的信息。

第一種最常見的城市信息，就是實用的資訊，像這種告示牌，大家都不會覺得陌生。全世界的城市都有指引方向的系統，香港這套系統已沿用多年。我特別喜歡這張照片，是因為在上有另一種會在城市中遇上的信息，也就是由下而上的表達，有人噴上「你找對了路嗎？」彷彿與原先資訊的一種對話。

同樣是路牌，但在另一個位置的書寫就抽象得多，看起來沒有與告示牌對話。城市中，任何的平面都潛在讓人們表達的可能，塗鴉在二十世紀蔚然成風，提醒了我們城市裏有這種關乎「誰有權表達」的角力。

誰最有權表達？城市的治理者往往是最有力通過城市傳播資訊。

土地的擁有者亦擁有很大的權力傳播信息，表達他們覺得這座城市應該要變成怎樣。

博士班同學 Brian Rosa 既是城市研究者，亦是攝影師。他專門拍攝地盤圍板，圍板上的信息往往是一些承諾，以及對於何謂好城市的想像。在銅鑼灣，這塊圍板「進化」至更抽象，以愛因斯坦的名言許下對地方的承諾。

零售業的廣告是城市中無處不在的信息，這裏難免提出一個老生常談，信息不一定是硬橋硬馬的文字，就像這個在銅鑼灣遇上的廣告，很多時展現的是一種影像的力量。

說起來，最硬橋硬馬的時候……「成功併購」不只是一個地產公司自說自話的慶賀，亦是向當區居民傳播一個信息，令他們相信重建勢在必行。

城市裏充斥着不同的信息，以至於當一些告示牌及牆身變成空白時，反而有點超現實。法國平面設計師 Nicolas Damiens 有一個創作「Tokyo No Ads」，將東京所有的廣告牌變成空白，反過來讓人意識城市中的信息及廣告有多飽和。

當然，官方的信息系統有重要而具意義的一面。如果地方知識的資訊設計得宜，能促進大家散步時的學習，認識城市的歷史文化，簡單如古樹的品種都要有一套合適的設計。

或者，是將實用資訊變得更活潑的嘗試。這是荃灣往深井的路上標記距離的一個告示。

這些告示是上一章談及的物件，有不少人挑選路牌作專門紀錄。近年，有更多人嘗試了解背後的設計考量，尤其是字體及圖案的選擇，如何影響資訊的可讀性。

我特別喜歡思考 LED 屏幕近年如何佔據城市。當這些屏幕愈來愈普遍，可以傳播的信息變得更複雜，而對城市的環境也有着衝擊的改變。在城市信息的角度而言，這可說是一種範式轉移。

LED 屏幕的普及，信息能瞬間改變，使相對抽象的信息可以被容納，至下一秒鐘才展示更直接的信息。我喜歡捕捉屏幕在看似展示抽象信息的一刻，配合四周的環境，彷彿脫離原本脈絡的信息。這是在機場看到宣傳旅遊的動畫。

相對於比較大規模展示信息的機制，近年更多人喜歡在散步時觀看民間用盡創意展示信息的嘗試，就如我在深水埗遇上這個廣告，靈活地用上一把木梯改裝為容易收藏及移動的「廣告牌」。

渠王無所不用其極將廣告信息寫在城市環境之中，就如把電話與服務寫在後巷的兩條行人路護柱。這種刁鑽的空間觸覺甚至淩駕信息的傳播，令人想到原來「咁都得」。

「咁都得」的感歎，更見於沙田遇上渠王這個作品時，他把廣告寫於幾乎沒有人看到的渠邊。渠王這種幽默，就像教人看城市空間，多於期待你打給他使用通渠服務。

2022 年，有人在太子花墟附近發現油漆下有「九龍皇帝」曾灶財所寫的字，當油漆剝落後，墨寶得以重見天日。曾幾何時，曾灶財的墨寶在香港就如渠王的廣告般無處不在，書寫者令一座城市有獨特的性格，本應是值得珍惜的一種公共財產。當我看見渠王及曾灶財的字，會想所謂「對城市的權利」(the right to the city)，也包含人們在城市環境中傳播信息的可能。一座城市可以是鼓勵眾聲喧嘩，而不是鼓勵一言堂的。

如果從實際的角度思考塗鴉，很難逃避法理上的問題，所以這一章不是單純地說城市有塗鴉就是好，而是邀請大家將問題推進思考，一座容許表達的城市，應該如何讓公民共同立約，互相看見彼此。藝術家 Banksy 的作品人所共知，他寫過一篇題為 “The writing on the wall” 的文章，喜歡他簡單通過什麼可被寫在牆上，思考城市持份者的權利與義務。

近年，一個廣受推崇的 Instagram 專頁「香港街上觀察」記錄了人們用箱頭筆寫在城市空間的句子，不知道是「有雞先還是有雞蛋先」，這樣的句子出現得愈來愈多，也成了香港在疫情之中的一道奇景。

剛才提過超越文字的信息很重要，而公共藝術及壁畫都是一種表達大量信息，置放在城市空間的媒介。圖中是美孚新邨的一幅壁畫，連同被稱為「美孚八景」的公共藝術，承載的信息可能不是很直接，加起來比較是表達一種對品味及美感的追求。

其中一種最承載意識形態的公共藝術是紀念碑。近年，全球城市都有人發起全盤檢視紀念碑的行動，希望大眾清楚藝術品背後想傳播的信息，是否當前時代想要的，不要把紀念碑視為自有永有、理所當然的。中環的和平紀念碑像是一種很多城市通用的語言，表達一些普世價值，似乎不會因時代轉變而更改。

在接下來的部分，我將論述在城市中讀到信息的另一可能。當我們遇上某些空間的元素時，不是單從眼前所見的事物解讀，而是因曾接觸其他文本，而聯想一些信息。舉例來說，佐敦逸東酒店的兩部子彈升降機剛好一紅一藍，如果看過《22 世紀殺人網絡》(*The Matrix*)，或會從中聯想紅、藍藥丸的抉擇。以此例子可說明，這樣的聯想完全是個人的、天馬行空的，但有一個大家可分享的聯想基礎。當一個人從這兩部升降機讀到上述的「信息」，跟朋友或公開分享這個「解讀」，其他人下次路過時就可得到同樣的趣味。有人記得這個解讀後，或更留意城市中存在的紅藍組合，這樣的延伸想像及對話將愈來愈多。這裏的大前提是，如果你沒看過那電影，這信息對你而言，便變得沒有意義。當我們分享從觀察中得到的趣味時，亦在分享你的經驗、喜好，而發現其他人會否有近似的想法。

喜歡現代藝術的人難免會將葵涌其士冷藏物流倉庫的外牆，解讀為向現代藝術「致敬」的設計。所謂明就明，我們或許問，就算解讀到這樣的信息又如何？這是不容易回答的。如果散步時能得到這種閱讀的趣味固然好，更重要是當我們公開分享這些解讀的方法，互相了解大家如何閱讀城市，將會得到更多觀看城市的角度與可能。我時常鼓勵朋友一旦有這樣的聯想與解讀，千萬不要羞於啟齒。集體散步鼓勵所有人踴躍說出這些解讀，是難得的機會「逼」大家說出介乎公共與私人之間的觸覺。

接下來分享疫情期間在香港散步遇上的信息及聯想。有一天，我在紅磡遇到這一座拆卸中的大廈，竟然在新春時在棚架帆布外掛出一幅特大揮春。不知道揮春的大小有沒有健力士世界紀錄？

說起新春，其中一種我最喜歡閱讀的城市信息，就是看農曆年時哪間店舖最遲啟市。這張「初十四啟市」的告示，我珍而重之。

土瓜灣這兼售小食的地產舖啟發我，誰說地產才可在櫥窗整齊排列出售商品的模樣？

公共藝術不止雕塑，有一天坐天星小輪時遇上 M+ 博物館的大型屏幕在展示藝術家的作品，是日落的畫面。當時剛好是黃昏時份，我好像同時在看兩個日落，如非巧合在黃昏遇到，可能我不會如此解讀這個作品。

在城市中閱讀臉孔，本是大家常玩的一種遊戲，因為有些物件，剛好看起來像眼睛跟笑臉。有人在圍欄上補了幾筆，是在城市中畫上臉孔。

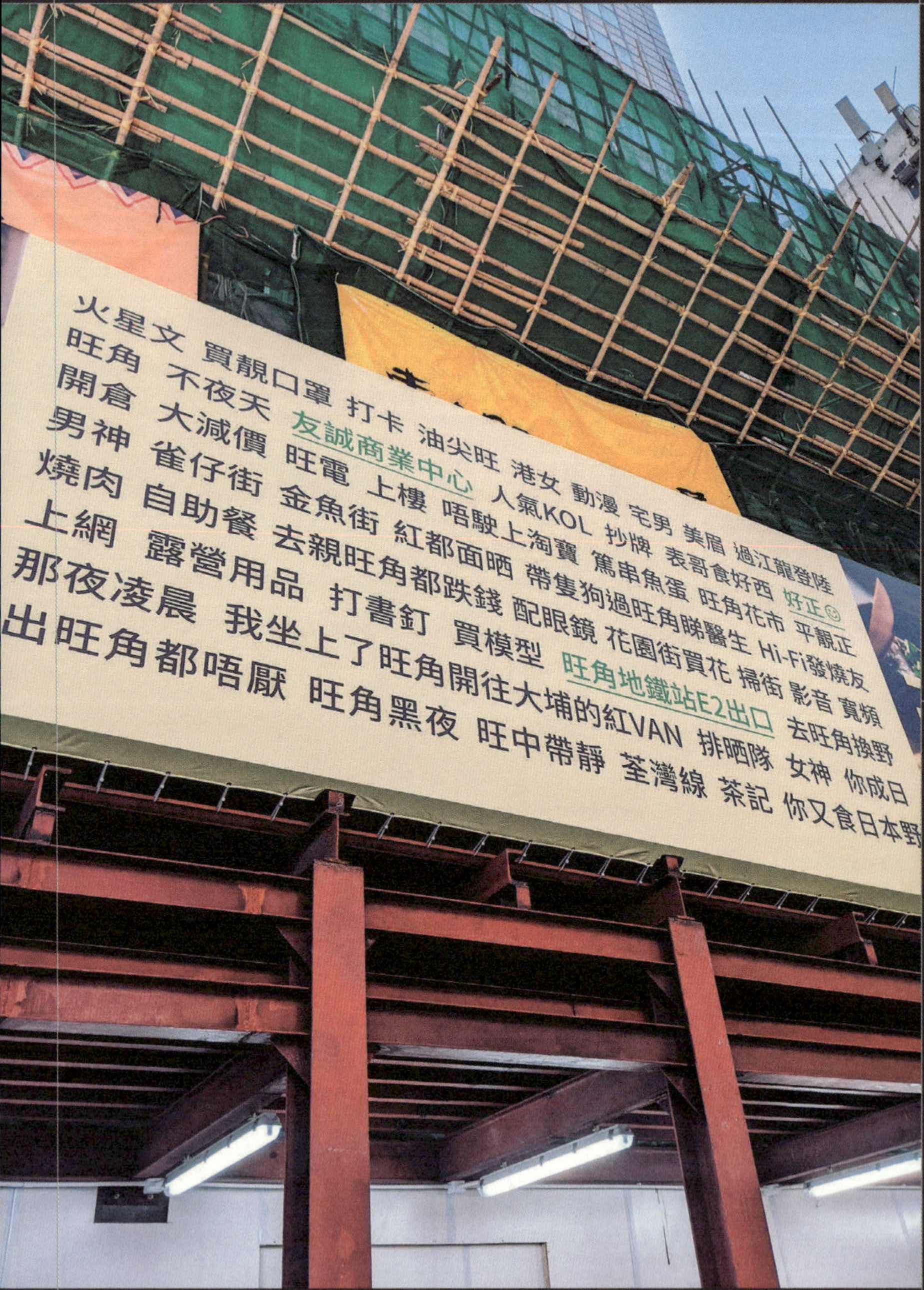

喜歡這塊展示旺角是什麼的文字雲，想像如果各區都有這樣的廣告牌，會是很好的公共藝術。

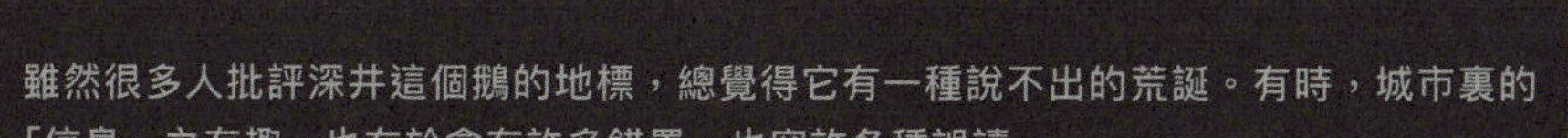

雖然很多人批評深井這個鵝的地標，總覺得它有一種說不出的荒誕。有時，城市裏的「信息」之有趣，也在於會有許多錯置，也容許各種誤讀。

Section.

123456

自然

本書共有六個章節，前三章說的是關於空間，建築、路徑、開放空間，接着的兩章談到物件和信息，可說是空間中的細節。把「自然」放在最後一章，除了因為它是一種細節，還有多一種原因：有一派城市研究者提倡，觀看城市中的自然，可讓我們反思「什麼才算是城市」這個問題的邊界。這種觀看的焦點與角度適合放在最後，一方面由此思索的問題最為理論化，另一方面也因為它能帶我們遠離觀看、欣賞和美學，更根本地 (fundamental) 帶我們再思，生活在城市到底是怎麼一回事。

自然的多種解讀

單是「自然」這個詞語，已經不易理解。文化研究學者雷蒙・威蒙斯 (Raymond Williams) 在他有名的著作《關鍵詞：文化與社會的詞彙》(*Keywords: A Vocabulary of Culture and Society*) 中，有個廣為人知的說法，「文化」是我們日常用語中其中一個最複雜的字詞。較少人知道，另一個同樣複雜難懂的字詞，恰恰就是「文化」的相反、在日常使用中有多種意涵的「自然」了。

・ ・ ・ ・ ・

千禧年之後，地理學是其中一個最多學者反思「什麼是自然」的學科，而我心目中把這概念論述得最清楚的是地理學家 Noel Castree。他一錘定音地指人們大致對「自然」一詞有三種理解。第一，泛指所有「非人類」(non-human)，包括動植物和地球的各種物質；第二，指向一種宏觀的力量和秩序，即當我們用到「大自然」(Nature) 去講述世界時；第三則是延伸成一種價值判斷，形容一些比較沒有人為參與和改變的情況，像人們會說，暑熱時不開冷氣，是過着比較自然的 (natural) 生活。而城市研究學者也接續了這課題，在城市空間中探問、注視「城市中的自然」(urban nature)，幫助我們多看到什麼、多理解什麼。

. . . . .

有時我們會以「環境」指稱「大自然」，而當「環境」被應用在城市談論，「都市環境」(urban environment) 就變成了一個曖昧的詞語，我們看見城市的一切是「都市人造環境」(urban built environment)。從這樣的用法中，我們讀到背後的觀念是，城市完全是人造的環境；極端地說，城市沒有「非人」的部分，也沒有「自然」的部分。這樣一想，當然不太恰當，明明我們覺得城市中雖有非人類的元素，但同時充滿自然的元素，像全球最具地標性的紐約中央公園，就如城市裏的一片綠洲，是「城市中的自然」的明顯例子。

. . . . .

這樣的討論非常有趣，點出了看似矛盾的說法。「都市人造環境」的用法一方面提醒我們，城市裏差不多沒有脫離人為這回事，幾乎所有東西都是人為砌出來的。即使是看似最自然、最綠色、最遠離繁喧的中央公園，都是高度人為的產物，由第一代園境大師歐姆斯德 (Frederick Law Olmsted) 苦心設計經營而成，牽涉大量的建造與日常維護。另一方面，城市裏非人的東西卻又無處不在，植物和動物自然是其中的例子，一切我們賴以維生的水和食物皆取於自然，鋪地和建屋的物料完全取自地球的沙石。因此，「非人的東西」無處不在，不過它們經過極大幅度的人為改造 (reworking)，再被安放和出現在這片被稱為城市的地方中。如果採納這種理論性思考，在城市中觀看自然，更清晰的說法，就是觀看「非人」的東西，如何被「安放」在城市中，經過怎樣的「改造」過程而進入我們的視線。

看見在城市中的動物，與不同物種分享的空間

說了很多抽象的理論，也許我們可以從最簡單的角度入手。既然想到「自然」，最先想到的是動物和植物，不妨從這焦點開展，觀看城市中的動植物。單是談到觀看城市中的貓已夠大多數人樂上半天吧！談到這裏，我時常問，如果觀看雞隻，那我們會看到什麼？多年前，我們在香港許多地方都可能遇上走走跳跳的雞隻，甚至人們可以從街市把活雞捧回家中，放在廚房讓牠走動，而現在只有在某些街市的雞檔能看見活雞，這完全是禽流感衝擊城市的結果。

. . . . .

許多人觀看和拍攝城市裏的貓，這些影像在社交媒體上引來迴響，被學者視為特殊的視覺文化現象，甚至就此進行研究。散步時在城市尋覓貓，不獨在公共空間遇到，「店舖貓」也成了香港特別的「物種」，得到很多人的喜愛。所謂遇上和觀看

※走在路上，我們總是會看見不同的雀鳥，但不知多久我們沒有好好認真看看牠們？

動物，最先讓人想到的就是這種可愛（cuteness），以及動物作為寵物以不同形式被安放。

.　　.　　.　　.　　.

在十九世紀的城市漫遊者（flâneur）的討論中，有「牽着烏龜散步」的意象。寵物和動物可以讓人們有平常不會有的互動，在公園賞湖裏的錦鯉也讓人放慢腳步。作為被凝視的對象，牠們連繫休閒（leisure），與營營役役的工作區隔，在日常中偶遇到這種「他者」，好像是讓人放鬆的。現代城市很早有動物園和動物馬戲團，都是早期的休閒空間，如今很多人開始檢視動物園的倫理，但不變的是不少人喜歡在城市空間跟動物相遇。動物園和寵物的討論，也讓人想起像被稱為「金魚街」的通菜街和從前被為「雀仔街」的康樂街（現於園圃街重建「雀鳥花園」），也成了這種城市文化的一部分。

.　　.　　.　　.　　.

以上談到的是較被預設作「被看」狀態的動物，但在城市散步，還會遇上數之不盡的生物，有所謂是野生的，也有一些生物是我們需要經過一定訓練和習慣，才會察覺到其存在，例如城市觀鳥就是一門學問。很隨意地看，也許只會看到最常見的幾種品種，但學習聆聽牠們的聲音、放輕腳步行走，就有機會遇上更多種類的雀鳥。

.　　.　　.　　.　　.

好些年前，倫敦出現大量狐狸，甚至會在後院出現，起初引發部分人驚恐，但經專家多番解說，大家開始理解牠們很溫純，學習與狐狸共存。這討論剛開始的時候，有齣精采的電視紀錄片《倫敦的非自然史》（*The Unnatural History of London*），趁機介紹城市中多元的物種，社會要是太過側重理解城市是人類活動空間，會錯過大量在不同角落縫隙生存和演化的生物。

.　　.　　.　　.　　.

在香港，野豬出沒也曾引起類似的驚恐、消化至討論的過程，及後一般人多了理解，人類與生物在都市環境共存，不能純以排除的態度對待。一旦理解到這一點，訓練自己變得敏感、學習感知(sensing)，看見動物的可能自會增加。我特別留意在中環一帶遇上在頭頂盤旋的麻鷹、到處有機會遇見的小葵花鳳頭鸚鵡，以至路上要小心不要踏到的蝸牛。

. . . . .

在城市中看見動物的樂趣，其實也源於城市是被人類管治的環境，尋找和觀看其他生物，也像把我們帶離了日常和機械式的工作與生活。雖然這跟散步觀看未必有直接關係，但不少研究者提出，城市這種人造環境也會徹底改變一些生物的行為，改變牠們演化的進程。如此一來，有些我們接觸的生物，是物種在城市的版本，也是經過人造環境的改造，是「原產自」城市的。循這樣理解，即使是野生動物，它們也是在過城市的生活，是城市的一員。遇見牠們是看見「城市真實」(urban reality)，正視這是被不同物種分享的空間。

植物的多元形態，同見於城市的中心與邊緣

在路上觀看植物，特別是隨季節更替賞花賞木，當然也是人所皆知的樂趣。「植物」二字代表着許多類型，在這一章不只強調它們典型的美化與綠化功用，而從「發現」不同植物，指向關心不同種類的植物如何被安放或意外留下，當中的差異可以很大。

. . . . .

最明顯地存在於城市、可被觀看欣賞的，當然是政府由上而下大規模種植的花草樹木，有些是很規整的，在公園裏被規劃，有花王、有植物專家看顧；有些在路上，是故意用來改變市容的。近

※喜歡看簕杜鵑輕易佔據空間和改變城市的容貌，也是人們說憑一己之力大幅改造城市的有趣方法。

年，很多人專門拍攝魚木、黃花風鈴木和鳳凰木等耀眼的樹木，這幾種樹木的外觀顯然是美麗和討好的；而隨着坊間的談論，形成了新一波的觀賞文化，張眼尋找和細賞它們的人愈來愈多。

耀眼的花也不完全來自官方種植。我特別喜歡簕杜鵑以不同形態佔據城市，讓人們以相對簡單的方法，就可由下而上的改變城市的容貌，因為簕杜鵑不難生長得茂盛，不少人都可在家裏，種出像瀑布般的繁花。是故，觀賞簕杜鵑是在觀賞它如何與城市空間揉合，有時讓私人空間變了美麗的公共景觀，也是拉闊目光的練習，看到它所在的空間。跟這種美感經驗相近，我也很喜歡觀看灣仔的樹。在 1997 年前，灣仔曾有大規模的植樹計劃，令灣仔到處都是大樹，大樹的好看除了有低調的美麗外，還有樹與都市環境的緊密結合，出現了唐樓跟樹零距離的貼近、樹遮擋着新落成的LED屏幕等風景。

.　.　.　.　.

一般被種植的植物，除了官方的與民間的，還有不完全受控的姿態，在城市裏出現「變種」的形態還有很多，像對香港來說特別重要的石牆樹，就是迷人的例子，是無法跟城市空間切割開來觀看的。許多香港人都會記得般咸道被砍掉的石牆樹，它們重生後成了全然不同的姿態，象徵了無比強大的生命力。

.　.　.　.　.

植物強大的生命力，也特別顯現在城市的邊緣，如無人踏足的安全島一角，總是長出野花野草。愈是人為力量撤退的地帶，這樣的生機就愈旺盛，城市中邊緣的極致，就是荒廢的空間：其實荒地的「荒」，意味人的力量撤出後，非人的力量就會滋長，如鯉魚門石礦場就是一個野草與生機遍佈的地方，它的狂野（wild）特質吸引了許多人前往。但是，這種狂野不一定只位於邊緣的空間或在大片荒地中，在最熱鬧的城市中心也有邊緣，在夾縫中生出野草野花，是不斷存在於城市裏、一種無法被馴服的力量。

.　.　.　.　.

我很喜歡城市研究者馬修．甘迪（Matthew Gandy）的論述。他研究城市自然（植物與動物）在荒廢空間中的特殊生態，指出在荒廢空間有可能出現全新和特定的物種，而有別於慣常可在城市中生存的類型，像在廢墟會遇上的植物類型，往往在城市會被認為是要清除的雜草。而且，他理解這些邊緣生態的各種文化意涵，例如它們讓一些雜亂的墓地成了另類的公共空間。甘迪用「異域」和「酷兒」等觀念，嘗試捕捉這些環境的邊緣性，並將性（sexuality）的邊緣空間跟自然的邊緣空間連在一起討論。

甘迪集中研究柏林和當代德國如何受這些邊緣的城市自然啟發，建構公園時也會特別考慮保存前鐵路用地和前工業用地隨年月滋長的生態。柏林圍牆附近有些空間曾被圍牆分隔，而前東西德有不少無人地帶，長年沒有人走進去，因而滋長了很多奇怪的野花和新的生態，有些文藝工作者為此回應。在柏林圍牆倒下後，生態學家也開始研究，當這些邊緣的自然被正視後，也可孕育出前衛的文化，例如另類音樂與表演，就喜歡使用荒廢的邊緣空間。

最後，甘迪研究園境建築中的一些新思想，也有設計師受上述的城市自然啟發「非設計」(non-design) 的力量，建構全新的公園。這些思想影響了舉世知名的紐約高架公園，當中的植物不少是原來生長在荒廢鐵路中的物種。這些可能都說遠了，但若我們一旦開了眼看到植物在城市中「非主流」的存在形式，看出趣味之餘，也引領我們的腳步走到邊緣角落。

植物的多變，無法在城市中永久保存

繼續談下去或是浪漫的一面。樹木或植物的存在，讓我們深切體會城市是有生機的，是活着的，較像一副身軀，而不是一部機器。季節更替會改變它的容貌，而人的介入與退場，也改變它延綿的可能。二戰後的香港，被形容為充滿光禿禿的山，街道也是百廢待興，但在戰後短短數十年裏，專家快速植林，全盤改變了香港的容貌。香港變成一個廣為植林的城市，樹木快速給予城市一個煥發生機的感覺。有時，我們會以為樹木在城市中是永久保存的，但它們跟堅固的水泥大廈一樣都是有限期的，如香港廣泛種植的台灣相

思，部分只有五、六十年壽命，不久之後我們可能將面對一整批樹木的死亡與再植。甚至颱風來襲，每有大樹斷裂倒下，那些時刻，都讓人真切地感受到城市的生命。記得在超強颱風山竹吹襲過後，全座城市都是有待搬走的樹幹。我目睹灣仔藝術中心外的大樹「屍體」，在那兒逗留良久，一天一天漸次枯死，看着看着也感觸起來。有些平常我們沒看清楚的力量，忽然變得很顯眼。

※颱風過後，老樹倒下，是自然的力量橫陳在我們面前的時刻。城市是人造的環境，同時更是「不止於人」(more than human) 的環境，要創造更好的城市，要深刻地思考共生的倫理。

・　・　・　・　・

城市裏有完全被官方規劃出來的「生機」，有民間的自行栽種，也有植物在邊緣和夾縫中默默盛放。行人是旁觀者，發現所有不同的可能，而這讓我想起城市研究中其中一個最浪漫的意像：本雅明在書寫的片段中，提到城市漫遊者的

腳步和思緒，如在瀝青地上種植（botanizing on the asphalt）。城市似是冰冷而欠生機，我們的諸種發現和「栽種意義」，讓繁花也可在水泥地上被種出來。這浪漫本來是意象，不直接關於植物和種植，但本章提出的正是觀看「真正的、水泥地上的花草」，就是城市漫遊者可享的一種樂趣。

. . . . .

法國攝影師 Romain Jacquet-Lagrèze 的計畫 Wild Concrete，拍到大量繞着大廈生長的樹木和天台樹，非常動人，讓人一見難忘，特別專屬於香港的「城市自然」。它們的存在，最有力地呼應上述所談的，也讓我們看到「游擊式」的植物，如何像與人爭奪城市環境的主導權。

. . . . .

觀看城市中的動物和植物，看見它們跟人類並存，以至多樣可能的形態，已難以說是「完全的自然」，但我們看到的更是這些非人的生命，如何混和人的力量、在人造的環境中變化。有一本打動人心的繪本《野獸國》（*Where the Wild Things Are*），我一直很喜歡繪本的原名：我們會在城市中遇上 wild things，但定過神來，再看清楚，它們是所謂混雜（hybrid）的 wild things，是混和了人為的力量與人造空間的。

注視循環與系統，以另一種角度看見城市

走在城市裏，看到的自然，除了最明顯的動物與植物，還有河流和海洋，水道與港口，讓人直觀地感到城市始終還是要容納自然世界的元素。「水與城市」是當代城市研究的顯學，許多學者用這課題來說明，「見水是水，見水不是水」，意思就是說水如何在城市流動，當然還是本來的 H2O，但如果我們想像水的流動如何滿足人的需要，水就會經過平整的河道或人工河，進入供水和污水

系統、無數的喉管渠道、地下蓄水池、水塘等，帶我們走過大量人造的環境，甚至可能落在日久失修的道路上，填滿了水氹，被人們叫作「天空之鏡」，拍下反射城市景觀的照片。從散步者的角度思考，以水為焦點，除了看見水在城市存在的各種形態，也可以把我們的目光和思緒引到所有讓水流動的、部分隱藏起來的讓城市「新陳代謝」的系統，而無限的管道加疊一起，就如城市的血管。

・　・　・　・　・

水只是其中一個例子，其他的還有食物、能源、光、空氣、沙土，我們賴以為生、呼吸、觀賞的自然元素。這些元素共同邀請我們觀看的，是城市作為龐雜的系統。當我們看着一座經過精心設計的發電站時，除了看見建築物的外觀，也在看着能源如何流過城市空間，這是城市的「後台」，但在我們眼前展現。在南丫島散步時，我們抬頭就會看見遠處發電廠的三支煙囪；在土瓜灣和香

※看着城市新陳代謝的系統幫助我們思考何謂「城市」。自然世界的一切在城市裏融入了複雜的流動網絡。在土瓜灣散步時，我們看見的煤氣鼓，就是城市新陳代謝發生的現場。就此而言，觀看它們亦是觀看自然被拉進城市的形態。

港仔散步觀看煤氣鼓時，我看到設施的外觀，也在看自然如何在現場被改造和流動。

· · · · ·

過去一世紀，其中一位最受敬重的地理學家大衛．哈維（David Harvey）非常廣為人知的說法是「紐約市沒有什麼是非自然的」（There is nothing unnatural about New York City）。他的意思是，城市雖然高度人為，但我們見到的一切、生存在其中需要的一切，還是完全取自地球和自然世界，只不過它們被大幅度重塑。這句話聽來有點玄妙，但城市研究者把這句話延伸，愈來愈多人去研究，城市怎樣是重新生產自然，像地下的化石能源如何變成城市無處不在的電力系統與街燈，而過程的起點必然是自然世界的資源。思考與觀看城市自然（urban nature）的話，看的不只是城市中靜止的東西，而是看到城市中各種的流動（urban flows）和讓這些循環（flows）運行的系統。就如，一個讓人飲用自來水的噴泉和水龍頭，就是連住循環與系統。

· · · · ·

人類在十九世紀建造現代城市，其中一種跟往日居住的聚落最大的不同，就是想進一步掌控自然，尤其是通過掌控自然，克服大型疫症，讓城市有公共衛生，確保人人有乾淨食水，能將排泄物分開處理，建立現代城市的基礎。今天的城市已龐雜了許多，大幅度改造自然也不只滿足公共衛生的需要，但形形色色的循環與系統「引導自然」，讓它們以我們想看見的形態出現，始終是城市最核心的意志。來到二十一世紀，在新冠疫情的陰霾過後，再重提這樣的城市本質是最合時的。被封鎖的城市正是切斷了城市新陳代謝的日常過程，城市最核心的運作遭遇挑戰了。

· · · · ·

從「城市自然」出發，進入「城市新陳代謝」的討論，觀看城市作為循環與系統，我們也許可以新目光看本來最沉悶、最功能性的城市組件。路過沙田濾水廠，散步至城門水塘的下游，嗅到城門河的氣味，都是跟被改造和改造中的「城市自然」相遇。當代城市在意如何收起這些循環與系統，讓人看不見。這些公共設施，好像變成難登大雅之堂似的。被人看見的電線和喉管會被視為錯誤，象徵不夠文明，然而這一章強調的是，看見循環與系統，讓我們思考城市最核心的存在狀態。

. . . . .

當我們看着銅鑼灣街上的射燈，把晚上照得如日間般光亮，會覺得這是人工的，但反過來看，這是用人工的方法將自然的能源消耗，並呈現在我們眼前，於是，「城市自然」也是一種觀看的方法，不一定只是讓我們看到最明顯的循環與系統，也讓我們看到城市裏的一切，思考它們從何而來，自然如何被改造而安放在大眾的眼前，包括光。

. . . . .

另一種重要的、關乎自然的循環與系統，也包括垃圾和廢物，與相應處理它們的系統。一切在城市中被遺棄的垃圾與物質很巧妙地提醒我們，除卻用途和文化意義後，被視為廢物（waste），始終要想辦法被分解、被埋藏、被除味、被還原成自然。當垃圾處理系統稍為出現問題，人在城市中的生活將大受打擊。如果清潔工人罷工幾天，垃圾將在街道上堆積如山，很快會發臭，連帶影響衛生，甚至可能出現傳染病。若以垃圾為焦點，我們在城市中行走時，會遇上許多相關的空間，從垃圾桶到垃圾站，從社區中的小型回收工業，至處理不同類型物件的回收廠，觀看廢棄物跟觀看水一樣，讓我們看到城市的新陳代謝。

. . . . .

城市自然最被人察覺的時刻，是人類無法完全掌控它之時，發臭的垃圾和渠道、下雨後無法疏導的積水、山泥傾瀉等，我們在那些時刻重新看到，這不完全是人造的環境，而是要與自然共存，就算大幅度改造自然還是會失敗。在安逸與日常狀態下，大家很容易忘記自然的存在和流動，習慣觀看城市中的自然，讓人在日常中時刻記得城市的本質，不用只在例外狀態時才忽然記起。散步學或城市觀察有時會忽略了這一點，我們太習慣說城市是人的地方，是人的力量彰顯的地方，而在這一章，特意提醒城市到處都是自然的地方，到處都有自然在流動。

人類與自然共存失敗，終局指向死亡

說到這裏，也許多了一分沉重，但回歸到這本書的原點，如果城市散步學關乎行走時看到更多、更敏感地感知，這一章也在作同樣的提議，思考「城市自然」，看到循環與系統之餘，也看到另一種無處不在的城市元素。開首提到，英文的Nature（大自然）的意思，指向一種非人秩序帶來的力量。散步的時候，除了觀看圍繞着我們的萬事萬物，感受光線、溫度、空氣，感受自己那被城市系統支援的新陳代謝，從而存在活生生的身體，也是感受城市自然的一個面向。

. . . . .

上述曾提及，現代城市治理、掌控與再造自然，起點很大程度是要回應公共衛生的需要，並且克服疫症。這是一本在後疫情時代寫成的書，也正好在結尾的一章呼應現代城市的原點：改造自然、創造這名為城市的人為環境，原是滿足人的需要與想像。如果人類在這片環境中跟微生物共處失敗，指向的就是死亡，而死亡可說是城市這種人為創造的終站。

. . . . .

建造居住環境，但一整個文明被疫症摧毀的歷史，是人類歷史中重要的一部分。抽象一點的聯想是，思考城市自然的終站，也許是跟死亡相關的城市空間，包括墳場和火葬場。我偶爾踏進這些空間中，像是城市空間中的一個極端，引人反思活着的城市所謂何事。死亡空間與疫症期間城市的陷落與停擺，也教人聯想到許多科幻故事中描述文明消亡的敵托邦（dystopian）情景。在「沒有我們的世界」般的死城裏，所有人要撤退，而當人類撤離，植物重新包圍城市、蛇蟲鼠蟻和動物在其中自由流竄，自然重新征服這個地方。城市命運最極端的可能，就是自然重新活着，切爾諾貝爾在核電廠爆炸後被封鎖的地帶，正是那樣的環境。

結語

當這本書一直提出散步觀看美妙的人事物時，當我們一邊看一邊思考城市時，前幾章大部分觸及的，皆為人類的活動、人類的意志，而最後的一章，我們談到後疫症時刻，思索如果出現特殊的狀態，人類的意志失效，文明消亡，自然將會重新歸位，佔據城市。

· · · · ·

疫症以外，氣候變化也可讓一些位處低窪的城市將埋在海洋之下，全城居民要撤離，也會是另一種文明消亡、城市臣服於自然力量的場面。以這樣的目光反思城市與自然時，面對這樣多變的時代，也許我們可以謙卑一點，在觀看城市之時，除了欣賞它的混雜與美麗，種種人為力量構成的風景外，也可從觀察城市自然和自然的力量，接通一種人類由來以久的反思：記着眼前的文明和人造的居住環境，也是由自然世界維持（sustain），而它不一定永遠存在。我們可珍惜這個龐雜多元的城市，當城市還在我們眼前的時候，思考如何讓這「人為改造自然」而成的環境，成為更以人為本、更可持續、更正義的生活空間——當然，這又會是另一本書的課題了。

. . . . .

疫症讓世上不同城市裏的許多人，重新發現自己生活環境的美麗，通過散步重新看見自己的城市。這本書的首五章側重談及重新發現細節和觀察之樂，在最後的部分，也延伸略談對城市本質的反思，僅以這疫症中最深沉的思緒，呼應因為疫情生活而來、對城市環境的加倍好奇。

這章提及在城市中看見「自然」的不同意思。最簡單的是遇見所謂的「非人」，而大家最先想到的，是各種動物和植物。淹沒社交媒體的貓照片，提醒我們可以從遇上和看見動物得到多大的享受，借《動物農莊》(Animal Farm) 那著名的句子一用：「所有動物都是平等，但有些動物比其他動物更平等」(All animals are equal, but some animals are more equal than others)，貓的人氣幾乎讓我們忘記人和動物在城市的相處模式非常複雜多元。

多年來，鴿子在城市都被認為是不太受歡迎的物種，甚至被稱為「會飛行的老鼠」。散步時遇上牠們，我倒記起，無論你喜歡與否，在城市這個人造環境，不同物種都在掙扎求存。鴿子可說被城市馴化，是城市的居民，行為只是回應城市環境。有時，觀察牠們跟城市環境的互動也是一種趣味，像圖中這架停在中環街市旁的手推車，好像就成了鴿子樂在其中的玩具。

城市研究者創造了一個理論化的詞彙 zoopolis，大意可譯為像動物園的城邦，捕捉在人造環境中，人如何治理各種生物的存在形態。我們許多時都忘記了，動物有牠們的行動力和生命力，有機會活出人類意料之外的模樣。有時，科幻小說描述的敵托邦，把人類對城市不可測的恐懼投射在動物身上。例如，希治閣（Alfred Hitchcock）的電影《鳥》（*The Birds*）一方面帶出不要以為城市是一種完全可控的反省，另一方面指出有權力決定城市面貌的人應盡可能照顧其他物種，並跟人類並存。

相對於動物，觀看植物可以啟發我們思考，它們竟有如此多變的存在形式。最由上而下的可能是被政府安頓在花槽裏的灌木，有時看見這樣的花槽，也會思考這些植物是否太過被約束、被功能性地看待呢？

與官方花槽相反的極端，就是自顧自在狹縫中長出來的路邊草。

Kowloon City
九龍城
A 6154 B

隨處生長的野草讓人感受到城市看不見的生命力，像在說明城市始終是活着的整體。

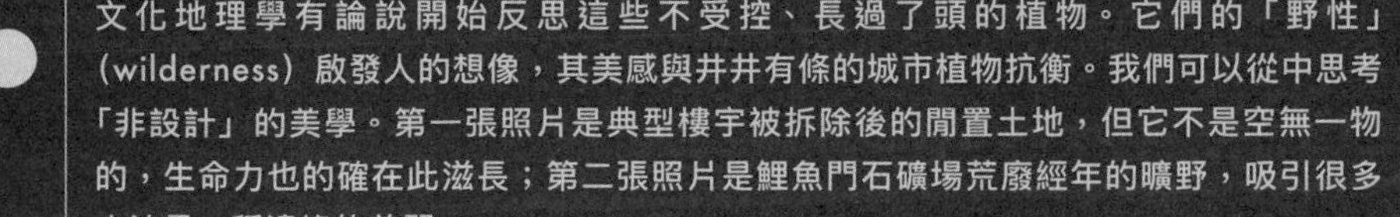

文化地理學有論說開始反思這些不受控、長過了頭的植物。它們的「野性」(wilderness) 啟發人的想像，其美感與井井有條的城市植物抗衡。我們可以從中思考「非設計」的美學。第一張照片是典型樓宇被拆除後的閒置土地，但它不是空無一物的，生命力也的確在此滋長；第二張照片是鯉魚門石礦場荒廢經年的曠野，吸引很多人追尋一種邊緣的美麗。

跨學科的城市研究者結合關於植物的科學研究，提出荒野的物種有其獨特價值。圖中這種是在香港許多隱蔽角落都可遇上的植物，對從事廢墟探險的人來說，該是最親切的物種之一。

全球園境設計都嘗試融入上述的思考，把一種荒野的美學列入考量，並用於正式設計的城市環境。近年，有機會見到彷似不受控的植物。在這荃灣海濱的一段路，不知道是我想多了，還是這種設計已被採納？

這些年，香港愈多愈多人講述樹木之美，像鳳凰木和魚木這些特別討喜的、顏色引人的大樹，已不用多介紹，它們絕對是散步時最引人觀看的。

沉實深綠的大樹，未必那麼耀眼，但在城市中的壯麗煞是好看。

上世紀末，灣仔迎來大型植樹計劃，如今在灣仔散步賞樹，是賞心樂事，尤其觀看樹與建築極度緊密的距離，比例上好像加倍放大它們的存在。

教人稱奇的，是銅鑼灣崇光百貨這個龐大的屏幕前，竟有兩棵非常「有態度」的樹。無論廣告商花多少錢在屏幕上投放廣告，都有一部分內容要讓位。

從石牆樹到天台樹，觀看「樹的多重宇宙」體現了觀看城市自然的一種重要延伸意義——感受城市在日夕變化。

除了談及觀看動植物，這一章更重要的是，引介了城市研究中有關城市新陳代謝、城市作為再造自然的進程等理論。城市中的一切物質和我們賴以維生的東西，全部都是取自自然世界，並為了服務人類的需要，重新組合了自然世界中的元素。所以，觀看城市中的自然也是觀看再造自然留下了什麼痕跡。圖中是西灣河一角，可看到人造的天橋像「撞」了進石山中，城市到處都是「再造自然」的痕跡。

水、電、能源、食物、空氣等流動，在現代城市中往往被重塑為幕後的。散步時，偶爾看見這些「幕後」元素站出「幕前」，讓我們觸及「城市其實是什麼」的命題。

接下來，分享在疫情期間散步時，與自然相遇的時刻。水與河流在城市中的變化，也是近年城市研究最重要的課題，學者會研究水的流動如何在城市中被改造，涉及什麼政治經濟的利益。圖中是沙田城門河其中一段。

在深水埗觀看植物如何由下而上地被放置，充滿趣味。

將軍澳一年中有不少大霧的時刻，能見度低，提醒我們城市與空氣（atmosphere）也是一大課題。空氣的質素深深影響散步的體驗。

now

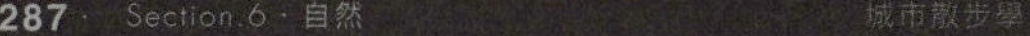

「自然」指向自然世界作為一種抽象的宏大力量。一座城市的日落時刻，雖然每日上演，也是體現城市之美，與自然高度的結合。

城市散步學——以香港作為起點

作者、攝影　黃宇軒
策劃編輯　史曉晴
美術設計　鄭志偉 @SomethingMoon Design
出版發行　突破出版社
香港沙田亞公角山路 33 號突破青年村
電話　2632 0000
傳真　2632 0388
電郵　breakthrough@breakthrough.org.hk
網址　www.breakthrough.org.hk
www.btproduct.com

2023 年 7 月初版 1 刷
2025 年 7 月初版 6 刷

Urban Strollology: Learning from Hong Kong
By Sampson Wong
First Printing, First Edition, July 2023
Sixth Printing, First Edition, July 2025

Printed in Hong Kong
ISBN 978-988-8562-84-8

誠邀閣下就突破出版社的書籍發表意見
歡迎加入突破出版社 Facebook page ——
http://www.facebook.com/btbooks.page
本書採用環保油墨印刷